剧开迷途
剧中成长

姜桂芳 著

中南大學出版社
www.csupress.com.cn

图书在版编目(CIP)数据

剧开迷途　剧中成长 / 姜桂芳著. --长沙：中南大学出版社，2024.12.

ISBN 978-7-5487-6009-2

Ⅰ. G444

中国国家版本馆 CIP 数据核字第 2024FX5652 号

剧开迷途　剧中成长

JUKAI MITU　JUZHONG CHENGZHANG

姜桂芳　著

□**出 版 人**　林绵优
□**责任编辑**　浦　石
□**责任印制**　李月腾
□**出版发行**　中南大学出版社
社址：长沙市麓山南路　邮编：410083
发行科电话：0731-88876770　传真：0731-88710482
□**印　　装**　广东虎彩云印刷有限公司

□**开　　本**　710 mm×1000 mm　1/16　□**印张** 11.25　□**字数** 201 千字
□**版　　次**　2024 年 12 月第 1 版　□**印次** 2024 年 12 月第 1 次印刷
□**书　　号**　ISBN 978-7-5487-6009-2
□**定　　价**　68.00 元

前言

Foreword

心理情景剧是学校团体心理辅导的一种方法，它通过由学生扮演当事人或由当事人自己借助舞台呈现他们的心理问题，让学生在心理辅导老师和全体参与演出同学及观众的帮助下，学会如何应对和正确处理心理问题。这是一种创造性心理健康活动,主要着重于学生行为的改变和自我感受的表达。心理情景剧就像一面镜子，透过这面镜子，学生可以看到自身存在的心理问题，从而有利于更好地寻求帮助，早日摆脱困境。

可以说心理情景剧为学生提供了一个自发性的表演的机会，透过不同的戏剧行动展现内心。湛江市第二中学想通过心理情景剧这种形式，让学生相互鼓励，树立自信心，释放不良情绪，建构起良好的人际关系。一方面，让学生自主选择喜爱的话题，有序地让学生进行语言的重组，不刻意限制学生的情绪表达，为学生提供一个交往平台。让学生通过表演，在非日常生活的环境中，能够更加轻松地释放真实的情绪，不但包括兴奋、快乐、自信等正面的情绪，也包括一些诸如嫉妒、紧张、自卑、难过、孤单、冷漠等不良的情绪。让学生在释放情绪的过程中，学习如何解决人际交往中遇到的困难。另一方面，心理情景剧为学生再现了真实的交际圈，让学生在互动中锻炼社交技能，培养学生在交际时情感的表达能力。

校园心理情景剧作为心理健康教育的有效模式，越来越得到重视。校园心理情景剧反映了学生在校学习生活中遇到的心理困惑、内心冲突以及心理问题，主要包括新生入学适应问题，师生与生生之间的人际交往问题，自卑、抑郁和焦虑等情绪问题，以及学生恋爱与择业等问题。心理情景剧将学生生活、学习、交往中遇到的冲突、烦恼、困惑等以小品表演、角色扮演、情景对话等方式编成小剧本进行夸张的表演，并融入心理学的知识原理和技巧，让学生表演发生在他们身边的事甚至是亲身经历的事，让学生用自己的语言、动作来实现思想的碰撞、心灵的共鸣，在轻松自然的氛围中，体验心理的微妙变化，领悟其中的意义，从而树立正确的心理健康观念，培养良好的心理品质，促进学生健康、全面、协调发展。

本书旨在探索出一套具体而行之有效的心理情景剧的团辅方式，为广大中学生及其家长、老师解决共同面对的困惑并开阔新视野，以期为中学生心理健康教育工作提供一种可尝试借鉴的培养模式。

目录

Contents

第一章
心理情景剧的概念、发展与原理

第一节　心理情景剧的概念

一、心理情景剧的概念

作为心理情景剧发展源头，心理剧(psychodrama)是美国精神病理学家雅各布·莫雷诺(Moreno)所创，心理剧研究者 Dayton（1994）这样界定心理剧：“心理剧是一种治疗方式，是随着人们进入他们的内在现实，让他们描述并以他们看到的情形去运作。透过戏剧行动，做心理剧的人将长期埋藏的情景带到表面，以释放情绪压力。他透过分享、支持与接纳创造一个能掌控的环境，然后就让心灵的自然疗愈之力量与情绪上的自我继续运作。”也就是说，心理剧提供了一个安全的场所、一群可以信任的成员，在心理剧导演的催化下，允许成员探索心灵深处的

一些情结。莫雷诺也指出，每一个人都是自己生活的演员，心理剧将我们内在的世界外显化，在舞台上演出某个人的生活，了解过去、清除过去，并且训练未来。他曾用“心灵”和“演剧”命名心理剧，并作了如下定义：“以戏剧的方法探索‘真实’的一门科学，处理的是人际关系和隐秘世界。”心理剧治疗与一般的团体心理咨询最大的不同在于，成员不仅需要口述，还必须走上舞台经历情景再现，必须自己搭出场景，必须找成员扮演某些角色，也就是创造一个机会，让自己再回到当时的情形。

心理情景剧(psycho-scene-drama)是基于心理剧有关理论和技术而发展的一种心理辅导方式，它利用与生活相似的情景，通过行动表达方法和技术，以舞台表演的形式重现生活情景中的心理活动与冲突，使当事人和参与者认识到其中的主要问题，帮助当事人自己或者在参与者的协助下解决该问题，促进当事人、参与者的情绪表达、认知重构和行为改变。

心理情景剧是在心理剧的基础上，通过不断总结实践经验而发展起来的。其重点在于团体表演的开展方式——让团体成员中的一个或一些来扮演自己的角色或者他人的角色。在表演的过程中，通过情绪的重现、放大或者释放，从而能够使问题更加客观地显现，并在此基础上，通过团体讨论来分析问题和解决问题。心理情景剧的产生，无论是对精神医学的发展还是对教育学的发展，都起到了很好的技术支撑的作用。作为一种新兴的治疗方法，国内对其开展的研究主要集中于医疗领域和学校心理健康教育的运用方面。在学校心理健康教育的运用方面，研究者主要探讨心理情景剧的作用及推广途径。它借助舞台表演的形式，在指导者的帮助、引领之下，使当事人将心理事件或心理问题通过戏剧表演的方式展现出来，运用演出的形式，使当事人重新经历心理事件，体验情绪冲突，探索自身的人格特质、人际关系状况、内在的心理矛盾，让当事人自己去发现解决问题的方法，通过行为模仿和行为代偿，改变原有的错误理念和错误行为，接受新的思想，学习新的行为。

心理情景剧和心理剧使用的技术相同，心理剧用于心理咨询治疗，针对较深层次的心理问题、心理障碍，其对象是希望借助心理剧进行心理治疗的求助者；心理情景剧用于教育辅导，针对较浅层次的心理问题、广泛意义的心理教育，其对象是广大需要接受心理健康教育、具有共性问题需要辅导的人。中学生的校园心理情景剧，贴合了针对中学生共性问题进行心理健康教育的目标。

二、心理情景剧的作用分析

心理情景剧的角色扮演可以为成员提供宣泄情感的机会，特别是宣泄让人备受困扰的消极情绪。在表演的同时，成员可以深入全面地了解真实情况和他人的感受，增加人际关系敏感程度。当所有的扮演者都觉得无法继续演下去，或指导者认为已达到目的时，表演随时可以停止。在表演过程中，如果某位成员对某个角色强烈地表现出否定情绪，可以劝他扮演该角色。这样有利于他从不同的角度去观察当时的情境，了解对方的心情和立场。同时，这也是一个自我反省的机会。最后，指导者组织团体成员以及观众讨论整个活动中自己的体会、感受，互相启发、互相提供支持。

目前，校园心理情景剧的主要运用形式包括选修课即兴表演、以心理剧形式进行心理社团活动和以心理剧形式进行社团心理咨询等。

事实上，校园开展的心理情景剧，与以上所说用于心理治疗的心理情景剧是有区别的。它会相应减少指导者在表演过程中的介入，着重于为学生提供一个通过表演解读自己、解读生活、促进心理健康的平台。在表演结束后，指导者会给予适当的点评。

校园心理情景剧表演通常浓缩了部分学生在日常交往中的恐惧、自卑、焦虑等现象。表演主题既可以选择成员共同关心的事情，如家庭生活、学业问题、休闲时光、交友等，学生共同讨论一些关系学生切身利益的问题，从而引出各方不同的立场，也可以选择某个团体成员个人独特的问题情境，由其他人协助其表演。例如，一个学生在同学关系上存在问题，常常与人发生冲突。可以模拟他平时生活中与同学争吵的真实场景，请其他成员扮演该同学，重现那个场面，根据不同人扮演该同学时他的不同表现，找出他内心冲突的根源。

总之，心理情景剧就是为学生提供了这样一个平台，你可以在这里重现生活场景、展示心理现象、讨论新异观点，虽然内容、形式多样，但最终目的只有一个，就是提高个人的心理健康水平。

三、心理情景剧的要素

心理剧的构成要素包括五个——主角、导演、配角、观众、舞台，心理情景剧除此之外还多一个要素——事件(剧本)。

(1)主角(protagonist)。

主角是心理情景剧里最重要的元素，也是心理剧的焦点。主角必须有一种敢于揭露和表现自我的能力，作为内心冲突最激烈的人，他代表一种声音和媒介，其他角色可以通过他来处理自己的问题。在心理情景剧中，主角是具有某一类共同问题的代表和集合，具有所有角色身上的共性。

(2)导演(director)。

导演是在剧中使用心理情景剧的方法技术引导角色探究其问题和推动剧情的人。他是剧本的制作人，也是成员的治疗师、分析师，还是团体的领导者。在情景剧中，导演还有以下任务：暖化团体成员、选择和设计场景、把控时间和决定道具的选用。导演在整个剧中发挥着催化剂的作用。

(3)配角(auxiliary)。

配角有广义和狭义之分。广义的配角是指除主角之外的所有角色，包括参演的人员和观众，狭义的配角是指扮演主角生命中重要他人的任意团体成员。本书主要采用它的狭义概念，配角是主角的协助者，是重要他人的角色重现，在帮助主角进行角色扮演的体验时，配角自己也能获得成长性的帮助。配角可以借助非言语表达，如姿态、眼色、表情等，将主角未能明说的情绪表达出来。

(4)观众(audience)。

情景剧中的观众是指参加心理情景剧团体但未直接参与演出的人。观众在心理情景剧进行时只是默默注视眼前的演出，但是在演出结束后，可以向主角反馈分享自己的感想。观众对主角的支持与同情，是催化主角重生的一股力量，也是引发主角思考的一般力量。

(5)舞台(stage)。

舞台是心理情景剧演出的场所。在心理情景剧中，一个舞台可以把过去、现在、未来融合在一起，可以让主角自由地畅游在他自己所创造的天地中。心理情景剧中的舞台布置和舞台上的场景道具都靠成员自己搭建。舞台上的道具往往具有象征意义，通常包括桌子、椅子、不同尺寸和颜色的布、绳子、面具等。

(6)事件(event)。

事件是心理情景剧中比较特殊的环节，在本书中，事件的体现形式是符合参演人员特征的心理情景剧剧本。事件是由团体成员共同选择的，而非聚焦于主角个人，这点是其与心理剧的区别所在——聚焦于团体成员共同关心的话题，由团体共同选出主配角，而并非如心理剧那般由主角指定配角。

第二节　心理情景剧的产生与发展

1919年，“心理剧”(psychodrama)这个概念首次被雅各布·莫雷诺提出来。莫雷诺根据丰富的实践经验和自身多彩的戏剧体验，创造性地发展出一套融合了社会剧、心理剧、社会测量学等理论的治疗方法。经过百余年发展与探索，心理剧在社会各界的共同努力下已经形成丰硕的理论与实践成果。在与团体辅导形式密切结合的过程中，心理剧在治疗心理问题和促进心理健康方面也获得了丰硕的成果。

在世界各地心理剧专业工作者数十年的努力推进下，心理剧已经成为一个重要的心理治疗流派，在不同地区和不同领域进行了深入的发展，目前在全球范围内，已有不少国家和地区建立了相关组织和机构，并广泛在社会实践中开花结果。其中著名的训练机构包括由哲卡·莫雷诺主持的纽约比肯莫雷诺学院、由马修·卡璞主持的英国豪威尔心理剧国际训练中心以及由安妮·秀森谋主持的心理剧北方学院(NSPCC)等。20世纪90年代初，心理剧开始进入我国港台地区，中国大陆的高校也逐渐开始运用心理情景剧这一方式进行心理辅导工作，如北京师范大学、华东理工大学和苏州大学等都陆续开始推行校园心理情景剧。心理情景剧的产生和发展与我国学校心理健康教育的实际和专业工作发展需要密切相关。这种生动、活泼的演出形式受到各年龄阶段学生的广泛喜爱，对于他们形成正确的自我认识、认识学习、管理情绪、改善人际关系等都有显著的促进作用，近几年，由于表达性艺术治疗的发展及其在心理治疗领域逐渐崭露头角，心理情景剧作为一种为大众接受的方法逐步在企业、社区中得到推广。经过当代心理剧的各种发展模式下的众多实践活动的验证，心理剧在临床领域和咨询领域的重要性和有效性已毋庸置疑。

国外的心理剧研究已获得丰硕成果：Williams(1989)、Wilma(2002)研究了家庭治疗、团体治疗与心理剧治疗；V. K. Kumar 介绍了使用认知疗法和心理剧对特殊事件的作用；Casson 等(2004)研究了戏剧治疗与心理剧治疗等；Zeynep Karatas(2011)研究了心理剧对于青少年冲突解决技巧的作用；Leveton(1977)研究了如何使用心理剧对胆小、羞怯的人群进行治疗；Kellermann 和 Hudgins(2002)研究了如何应用心理剧来治疗受到创伤人群的心灵；Fuhlrodt(1990)在对于精神疾病患者的心理治疗中发现：人际关系、洞察力以及情绪的宣泄是心理剧团体治疗的关键性因素。

国内的心理剧研究近十几年来才刚刚开始，主要集中于其在医疗领域和学校心理健康教育方面的开展。在医疗领域，人们在研究中发现，心理剧治疗能改善癫痫患者的负性情绪，提高其心理健康水平。在有关心理剧疗法对恢复期精神病患者负性情绪的影响的研究中，通过对实验对照两组被试使用药物和心理剧辅助治疗方式，发现接受心理剧治疗的患者，在缓解抑郁和焦虑方面都取得了良好的治疗效果，在自信心方面的改善尤为明显。在心理健康教育方面，心理剧作为一种为解决问题而实施的行动演出模式，对学生的认知学习、情绪表达、情感培养方面有着重要的实践意义。结合了中国本土元素后，心理情景剧利用发展性原则，在学生的人际关系和同伴交往方面改善效果显著，促进了学生的个体发展，增加其正面情感体验，帮助学生认识心理问题，学会正确对待和解决心理问题。研究发现，心理情景剧对学生人际关系的改善效果明显，对学生自信心水平的提升有良好作用，在减轻社交回避、降低自卑感、提高个人评价方面也有一定的效果。

第三节　心理情景剧的一般原理

一、哲学观：创造力与自发性

心理情景剧是一种创造性治疗形式，它强调个体的自发性和创造性的发展，运用演出的方法，通过角色扮演促进个体成长，它旨在最大限度地激发个体的创造性潜能，从而积极有效地面对生活中的挑战与机遇。

自发是一种能量，是一种创作的原动力，可以发挥每一个人的智慧，并在情境中充分地反应，而这种反应是个体以前从未体验过的，在自发性的引导下，个体的直觉与自由增加，增加了内在的自然智慧，产生了创造性行为。

在心理情景剧中，由原来按照既定剧本演出，到学生按照自身情况对剧本进行二次加工甚至颠覆性创作，从剧本在手，到剧本在心，都是把握主线的创造性、自发性的演出，不仅极大地激发了心理情景剧成员的主动性和主人翁意识，也在表达性的演绎中内化了适应性认知策略，使成员能以积极的心态处理消极情绪和内心问题。

二、合理情绪治疗理论

20 世纪 50 年代，埃利斯在美国创立了合理情绪治疗理论，用于帮助求助者解决由不合理信念带来的情绪困扰。该理论认为，困扰人们的不是外界事件本身，而是当事人对于事件的信念，一些不合理的想法、观念和评价会带来负性的情绪体验，进而引发冲动、极端的行为。如果要消除负性的情绪体验，关键在于调整不合理的信念。

通过分析访谈资料和查阅文献资料，研究者发现，在学生这个特殊群体中，一部分人存在脾气暴躁、爱钻牛角尖、做事不计后果的情况。这种偏执极端的性格、冲动暴躁的行为方式，往往与固有的不合理的观念有关，例如：学习上不能输，一旦认输就等于做人失败；不能允许别人与自己意见不统一，必须按照自己认为正确的方式行事；如果被欺负，言语攻击和暴力应对是唯一途径；等等。心理情景剧针对学生中常见的不合理的信念，在剧中以黑白人格对峙的形式呈现内心的挣扎过程，将合理观念与建设性行为、不合理观念与破坏性行为及其会直接引发的结果，在剧中演绎出来，不预设立场，让心理情景剧主角自己权衡，最后决定采取何种处理方式。

三、社会学习理论

社会学习理论是美国心理学家班杜拉于1952年提出的，探讨了个人的认知、行为与环境因素三者的交互作用。该理论指出，人的行为，特别是人的复杂行为主要是后天习得的。班杜拉认为行为习得有两种不同方式：一种是通过直接经验习得行为，也就是"直接经验的学习"，而另一种班杜拉更看重的行为习得方式，是通过观察示范者的行为而习得行为，即"间接经验的学习"。在学会某种示范行为之后，观察者是否会经常重复该行为受到行为结果因素的影响，行为的自我强化、外部强化、替代性强化这三者的作用是示范行为再次发生的动力因素。

在心理情景剧中，通过成员代入角色的体验，是主角包括团体其他成员通过主角的经历产生间接经验的学习过程；替代性的学习经验从另一种角度而言是给团体成员尝试错误观念和极端行为的后果的机会，再完成角色观念的修通，并且这种行为经过一致认可后再次被强化，团体成员会习得建设性的应对方式，同时主角在演绎角色过程中的不断自我强化，以及分享阶段的指导者对积极观念和行为方式的外部强化，都有助于重复合理行为。而非主角的其他成员在观察主角演绎的过程中，直观感受到建设性行为的益处，替代性强化又会使得积极认知策略和适应性行为在整个团体成员的潜意识层面固定下来，不再将暴力化、粗暴化解决问题作为应对冲突情境的唯一方式。

四、团体依恋效应

团体依恋是团体成员之间在情感上存在的一种相互影响和相互依赖的心理状态。团体会对其成员给予关心、尊重，通过提供施展才能的舞台，满足团体成员的需要和愿望，使他们有安全感、归属感，获得自尊，并且有机会实现自我价值。

心理情景剧作为一种团体治疗的形式，和其他团体治疗一样，团体依恋即团体凝聚力，是其他治疗因子发挥作用的前提条件，在缺乏温暖、安全的抱持环境下，团体成员无法自发地表现内心想法，不合理信念的改变会遭遇强大阻抗，模仿学习的动力也因此匮乏。已有很多研究证实，凝聚力强的团体有更高水平的自我暴露，其总体治疗效果优于凝聚力差的团体。

在压抑、约束、学习竞争压力大的住宿生活中，学生的交流在很大程度上是狭窄、不顺畅的，不少学生不具备较大程度袒露自我内心想法的对象和场合。参加心理情景剧活动的学生在进入心理情景剧团体之初，就被告知在心理情景剧内，可以真实地做自己，自我暴露和对他人反馈，不会被评价、指责，团体温暖、安全，允许差异化，指导者会减少教育化说教。在此环境中，每个成员都有机会与他人进行情感交流，然后被他人接纳。对归属的渴望是我们人类的本质属性，团体内将产生一种积极的、自我强化的循环：信任——自我探索——共情——接纳——信任，不管团体成员曾有怎样的成长史、经历过怎样的失败挫折，只要成员能遵从团体的进程规范，团体就会接纳个体。

支持省运会　参与　省运会　奉献省运会
湛江市第二中学第一届校园心理情景剧大赛

第二章

心理情景剧的过程和技术

第一节　心理情景剧的过程

心理情景剧演出包括准备、热身、演出、分享、讨论五个环节。

心理情景剧排演需要提前充分准备，准备环节包括角色的选择，剧本的准备，排演场地的选择和布置，道具的设计，灯光、空调和录音设备的准备。其中最重要的是角色的选择，根据剧情需要，一般选 6～12 位成员，在进入团体前，成员需经过至少 8 次、2 小时/次的自我成长和技术学习训练，并对照角色要求进行评估后，才可以加入心理情景剧团体。

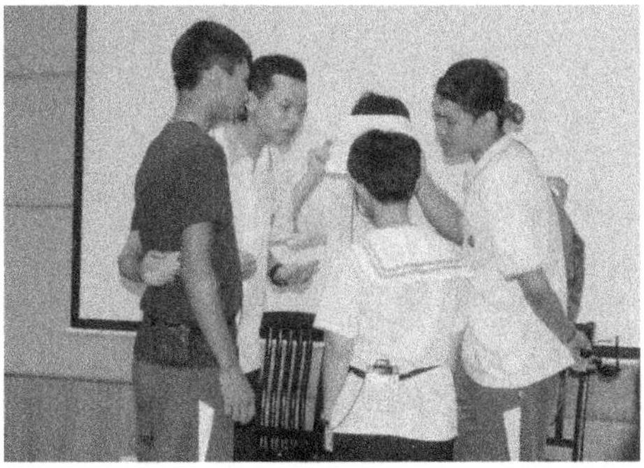

热身环节有利于催化成员创造性的潜能，激发团体的凝聚力，使参演人员放松。热身技术形式多样灵活，常见的有舞蹈热身、音乐热身、肢体热身、艺术表达热身、游戏热身等。

在心理情景剧演出环节，通常是团体成员将贴近他们现实生活的典型化心理困扰和冲突搬上舞台演绎的过程。在演出的过程中，其他团体不担任角色的成员不能进入舞台，以确保心理情景剧过程中的界限分明。

分享环节是指每次排演结束后，团体成员互相交流“感受和体验”的过程，需要遵循的原则是不批评、不建议、不比较，只结合自己过去的经验，分享自己的感受和做法。分享是心理情景剧中将主角带回团体、整合进入团体的阶段。这个阶段是让团体成员分享他们曾经历过的、与主角在剧中所呈现的类似的经验与感受，同时也是让主角冷静、休息、恢复、沉淀的阶段。分享的目的同样在于在倾听的过程中将主角的经验一般化，在成员反思的过程中宣泄自我。总之，分享环节使所有参与者都有机会疏通他们的感觉。

讨论环节的主要目的是促进认知改变，巩固新的、建设性的认知，同样遵循不批评、不建议、不比较的原则，但鼓励成员提出不同的想法，供大家选择。

第二节　心理情景剧的热身技术

一、热身的目的

心理情景剧是训练自发性和创造性的，有时候我们透过表达性的东西打开右脑。热身的目的在于触发成员内心深处自我觉察的部分，有觉察才有治疗的可能。

热身的目的一方面是让团体成员之间有信任的感觉，另一方面是让团体成员可以跟自己接触。这很重要，成员可以和自己心理接触，然后慢慢朝心理情景剧的方向发展。

热身很重要，因为它关系着这个团体怎么形成发展它的动力。热身活动应该是一个成员进入团体，是让他安心的开始，也是让他接触自己的开始，这两个方面有点不一样。热身活动就是怎样提供一个很好的容器，让大家在里面发酵、酝酿并在最后产出的过程。

排演前的热身是必须的，包括人、事、时、地、物等五方面："人"是成员在心态上进入角色的准备，"事"是对目前排演情况的观照和注意，"时"是在排演进行之前一段完整时间的自处和静心，"地"是对排演空间和场地的熟悉和感应，"物"是排演进行前的材料物件之准备。

二、常用的热身技术

常用的热身技术(校园心里情景剧兼具治疗、教育和审美功能，能够帮助学生缓减心理压力、解决心理问题，集教育性、活动性、趣味性于一体)包括社会原子图、互相介绍、冥想作画、布雕、音乐舞蹈、空椅等。社会原子图通常是参与者被要求想象自己是一个小社会中"原子"，然后分组或排列，这个过程有助于促进团队成员之间的了解和信任，提高团队协作能力。

从导演的角度来看，热身技术的注意事项如下：

(1)从团体发展的动力来看，心理剧的热身活动和后来的排演有直接的关系，其中的联结性是一贯的。

(2)热身活动有使用媒介物和不使用媒介物两种方式。使用音乐、绘画、布雕等媒介物的方式，虽然在准备素材方面比较麻烦，但可使心理情景剧进行起来比较简单，这些媒介物的使用，容易让成员卸下心甲，专心进入和自己在一起的状态中。

(3)从访谈的结果发现，心理剧的热身活动会因导演个人的风格、个性不同而采取不同的方式。导演常借助社会测量技术，分析演员在群体中的互动模式和演员之间的社会关系，设计热身活动。

(4)导演个人特色的热身技巧的养成几乎都是从经验性的学习出发的，这似乎意味着，要成为心理剧的导演就必须参加更多的心理剧排演。

(5)热身活动的发展主要是跟着成员的自发走，因为往往无法按既定的设计来进行，所以每个导演都有自己的口袋活动或备案，会视团体成员当下的状态而适时调整或改变。

(6)表现性治疗架构(ETC 理论)为心理剧热身活动作了很好的诠释。导演在带领热身活动时，不妨多透过不同层次的表现架构，帮助成员完成更具自发性的创造。

三、社会测量技术在热身过程中的应用

社会测量技术主要应用于心理情景剧的热身阶段，在团体中测量个体的人际关系和心理感受，对团队的状况进行初步的了解。社会测量技术包括很多种，在实践中应用比较多的是圆圈式和自由走动式。圆圈式是画三个同心圆，圆心代表自己，从最里面的圆到最外面的圆，请团队个体按照感情的亲疏将其他成员由近到远地填入。自由走动式是先让团队个体随意走动，再停下来，随意变换站立的地点，直到找到让自己身心最舒适的位置，通过距离来判断个体对团队其他成员的亲疏程度。这些社会测量技术形式活泼有趣，可以很好地激发团体的活力，增强亲近感。

第三节　演出阶段的基本技术

一、角色互换

角色互换，也就是在团体表演中，参与者从自己的身份中抽离出来，扮演其他人的角色，角色互换有助于互换双方更真实、更直观地看到自己的情绪和行为，从而具有洞察力，形成反省和思考。角色互换可以在心理情景剧的整个表演过程中使用。由参与者扮演他人，重现这些人的行为和表现，然后参与者再从互换的角色中回归，继续扮演自己的角色，让自己的角色与他人互相交换、互相交流。角色互换，不仅可让团体其他成员清晰地看到参与者面临的环境和背景，还有助于参与者更直观地观察自己在人际交往中的心理、状态和行为。

二、替身

一个配角站在主角的身后与主角同台表演，或替主角说话，这个配角即是替身。替身辅助主角，表达主角的内心思想和感受，并时常表达出主角的潜意识内容。替身帮助主角觉察自身心理，引导其表达出非语言思想和感受，同时也可以充当主角和导演、主角与配角之间的联络人。此外，还可使用多重替身。当主角有多重矛盾感受时，利用多重替身可以展现主角的多面性，表现主角心理状态、渴望、优点和缺点。

三、镜观技术

镜观技术是指让配角模仿主角表演中的手势、姿势、语言，来反映主角的状态。在配角的模仿过程中，主角观察由他人反映的自己的行为，像照镜子一样来反照自己。这个过程有助于主角形成更加准确、客观的自我印象。

第四节　演出阶段的其他技术

一、独白

独白是指角色直接面对观众说话，表达一些不易被察觉的感受和思想。独白给角色机会获得他自己或他人正在思考和体验而未直接表达的感受。

通过独白的准备和表演过程，角色可以更深入地深索自己的内心世界，发现自己的潜在问题和成长点，从而实现自我提升和成长。

二、空椅

空椅也就是一人分饰两角。参与者扮演自己的角色，拿一把椅子放在对面，当作有冲突的自己或者他人。当参与者扮演了自己后，再坐到另一张椅子上，扮演自己冲突的另一方。这样，参与者一人就能在正常的环境下，有效并自由地抒发自己的心理状态和情绪，完成冲突双方的交流和意见表达。在这一环境下，参与者往往会在排演中完成自己内心双方的妥协统一，或者自己和冲突对方的有效沟通和交流。实际上，空椅也是一种角色扮演，只是另外的一个角色被一把椅子代替了，让参与者在不同的椅子上表演双方的角色，促进心理的治疗和训练。椅子的存在，可以让参与者在表达中，展示自己最深处的真实情绪，直面真正的冲突，并在扮演中进行沟通，最终接纳和平息情绪，以此达到心理情景剧的排演目的。

三、未来投射

未来投射主要用于演出阶段，主要是鼓励参与者展开对未来的想象和期望，从而让参与者看到自己内心的真实状态，带出新的触发，并思考眼下面临的问题。未来投射最常用的方式就是，让团体成员写下十年后自己的理想状态，尽可能展开自己的想象，才能够在自己十年之后的展望中，看到自己最渴望、最需要的东西，然后折回现实，看到自己目前与理想的差距，认清未来目标，克服现实恐惧，充满自信，以更清醒的状态处理自己的情绪，改变不良心理状态。

四、魔幻商店

魔幻商店是让参与者在想象的商店中，寻找自己认为最美好的商品或者品质。魔幻商店的关键在于，商店中售卖的并不是具有实际价值或者价格的商品，而是某种品质、某种价值观，参与者挑中之后，需要拿出自己已经有的品质来交换。这一技术手段经常用于心理情景剧的热身阶段，有助于在吸引团体成员的兴趣同时，通过非物质的、虚拟的、抽象的价值观的交换，让参与者看清自己拥有的和渴望的品质或者心理。这一过程中，最重要的是协商价格的对话和争论。能不能成交并不重要，是否真的能够交换成功也不重要，双方的讨论过程是最有价值的，其中往往包含了太多的隐喻和象征，有助于参与者认清自身的心理品质和个性特点。

五、旁白

旁白技术主要通过言语的方式表现剧情发生的背景和角色内心的活动、冲突，是一个烘托气氛、刻画人物内心世界的重要方法。可以使用人称“我”“他或她”“我们”“他们或她们”等来表达主角或其他角色的内心感受。

六、角色扮演

让当事人扮演自己或去世的人，让彼此相互对话，直到某种冲突获得解决为止。

七、生命雕塑

通过一定的道具，如各色彩纸、橡皮泥或者各种形状的塑料模型等，将自己记忆中印象或感受最深的一件事表达出来，并与团体成员分享。这是一个深度推进个人情感表达与成员间彼此心灵连接的心灵演出的具体化情景呈现方式，也可以作为团体共同话题的演出或热身手段。

第三章
校园心理情景剧提升积极心理品质的应用

第一节　积极心理品质概述

本章通过系统地梳理相关文献，着重分析积极心理品质的定义、分类、影响因素及测量方法，并探讨其在个人成长和社会发展中的作用，旨在为后续校园心理情景剧中对剧本心理问题的矫正和疗愈开拓思路，也为读者自创心理问题的解决办法提供方向。研究发现，积极心理品质对个体的心理健康、学业成就、职业发展以及社会适应等方面具有显著影响。同时，本章还探讨了当前关于积极心理品质研究的不足之处，旨在为校园心理情景剧提升积极心理品质的应用提供思路和指明方向。

一、研究背景与意义

随着心理学研究的发展，积极心理品质作为促进个体幸福感和心理健康的重要因素，受到了广泛关注。积极心理品质是指个体在面对生活挑战和压力时，能够展现出积极、乐观、自信、坚韧等良好心理品质的能力。近年来，关于积极心理品质的研究逐渐受到关注，其背景和意义如下。

1. 研究背景

(1) 心理健康问题的普遍性。随着社会竞争的加剧和生活节奏的加快，越来越多的人面临着心理压力和困扰，出现焦虑、抑郁等情绪。因此，如何培养和提高个体的积极心理品质，以应对生活中的压力和挑战，成为了心理学研究的重要课题。

(2) 积极心理学的兴起。积极心理学是近年来心理学领域的新兴分支，主张关注个体的优点和潜能，而非仅仅关注心理问题和疾病。积极心理品质作为积极心理学的重要组成部分，受到了越来越多的关注。

(3) 社会发展的需求。在当今社会，人们对于心理健康的重视程度逐渐提高，越来越多的人开始关注如何提升自己的心理素质，以适应社会的发展和变化。因此，关注积极心理品质的培养和应用，具有重要的现实意义。

2. 研究意义

(1) 促进个体心理健康。研究积极心理品质有助于了解个体在面对压力和挑战时的应对策略，从而为个体提供有效的心理调适方法，提高个体的心理健康水平。

(2) 提高个体生活质量。积极心理品质能够帮助个体更好地应对生活中的困难和挑战，提高个体的生活满意度和幸福感，从而提高个体的生活质量。

(3) 促进社会发展。一个个体普遍拥有积极心理品质的社会，更容易形成积极向上的社会风气，有利于社会的和谐稳定和持续发展。

(4) 丰富心理学理论体系。研究积极心理品质有助于拓展心理学研究领域，丰富心理学理论体系，为心理学的发展提供新的研究方向和视角。

总之，关于积极心理品质的研究具有重要的理论意义和实践意义，有助于我们更好地认识和培养个体的积极心理品质，提高个体的心理健康水平以及促进社会的和谐稳定和持续发展。

二、国外研究现状

近年来，积极心理品质在心理学界受到了广泛的关注，学者们在积极心理品质的界定上观点各异。在国外，最初的积极心理品质理论是由 Hillson 和 Marie 提出的，内容涵盖了正性利己主义和与他人的积极关系。Peterson 和

Seligman(2001)则认为积极心理品质(positive personal trait)的核心内容是美德和力量，其中美德包括智慧、勇气、正义、仁爱、节制、超越等六种。为使积极心理品质可量化，他们描述了 24 种性格优势，并分别与六种美德相对应。Seligman(2009)提出，通过识别和培养个体的积极心理品质，可以帮助其构建美好生活。以下是国外近年关于积极心理品质的研究概述。

1. 积极心理品质的内容

(1)积极情绪的体验与影响。积极情绪是个体在生活中体验到的积极感受，如快乐、满足、兴奋等。国外的研究证实，积极情绪对个体的心理健康和生理健康具有显著的促进作用。

(2)积极品质的类型与结构。国外学者们对积极心理品质进行了详细的分类和描述，如乐观、坚韧、希望、自信等，并探讨了它们之间的相互关系以及如何共同构成个体的积极心理品质。

2. 积极心理品质的培养

(1)培养方法与策略。国外学者们探索了各种培养积极心理品质的方法，包括心理干预、教育训练、正念冥想等，旨在通过这些方法提高个体的积极心理品质水平。

(2)应用实践与效果评估。实际应用中，国外学者们通过实验或干预研究，验证了这些培养方法的有效性，并对其在教育、医疗、企业管理等领域的应用进行了深入探讨。

3. 积极心理品质的影响机制

(1)生理机制与心理机制。国外学者们从生理和心理两个层面探讨了积极心理品质如何影响个体的健康和行为。例如：积极情绪可以增强人体免疫系统功能，减少压力对身体的不良影响；积极心理品质还可以通过增强认知功能、增强社会支持等方式促进心理健康。

(2)长期效果与跨文化研究。长期追踪研究结果表明，积极心理品质对个体的长期健康和发展具有积极影响。同时，跨文化研究也揭示了不同文化背景下积极心理品质的表现和效果可能存在差异。

4. 未来的研究方向与挑战

（1）拓展研究广度和深度。尽管已取得一定成果，但积极心理品质的研究仍需进一步拓展广度和深度，尤其是在影响机制、纵向研究和跨文化比较方面。

（2）学术创新与跨学科研究。未来研究应注重学术创新，结合其他学科的理论和方法，以更全面地揭示积极心理品质的本质和应用价值。

总体而言，近年来国外的积极心理品质研究涵盖了内容、培养、影响机制等多个方面，取得了丰富的研究成果。这些研究不仅提升了我们对积极心理品质的理解，也为实际应用领域提供了有价值的指导。

三、国内研究现状

积极心理品质的概念由孟万金引入我国。孟万金（2007）针对国内心理教育大多将重点放在与痛苦相关的消极层面的弊端，引入与幸福快乐相关的心理教育方式，塑造学生的积极人格，引领学生的幸福人生。

近年来，在我国社会主义大背景下，积极心理品质指最大限度挖掘公民优秀传统美德并推陈出新把握新时代精神核心，促使个体幸福、社会繁荣的心理力量集合。积极心理品质是个体在内部潜能和外部环境共同作用下形成的具有相对稳定和有价值意义的正向特质，其内核是对幸福人生的追求。积极心理品质能帮助个体在工作和学习中塑造自己的优势，促进主观幸福感的提高并预防心理疾病。

国内目前关于积极心理品质的研究，大多集中于积极心理品质的内涵与结构、测量工具的开发和应用、培养与干预及其在不同人群中的影响与效果等方面。以下是对这些研究的概述。

1. 积极心理品质的内涵与结构

（1）内涵理解。国内学者们对积极心理品质的内涵进行了深入探讨，认为其包括个体在认知、情感和行为上的积极特征。

（2）结构分类。基于国外研究成果，如 VIA-YOUTH 问卷，国内学者们编制了适合中小学生的积极心理品质量表，包括创造力、求知力、思维与观察、真诚、执着等 15 项积极心理品质。

2. 积极心理品质的测量工具开发和启用

（1）量表编制。国内学者们开发了多种适用于不同人群的积极心理品质测量工具，如《中国中小学生积极心理品质量表》等。

（2）信效度检验。这些量表经过严格的信效度检验，能够准确测量个体的积极心理品质水平。

3. 积极心理品质的培养与干预

（1）培养方法。国内学者们研究探索了多种培养积极心理品质的方法，如心理干预、教育训练、家庭支持等。

（2）应用实践。不少国内学者在学校、企事业单位等领域进行了实际应用并取得了显著效果，如通过团体辅导、心理课等方式提升学生的积极心理品质水平。

4. 积极心理品质的影响与效果

（1）心理健康影响。国内学者们研究发现，积极心理品质有助于缓解压力、减少焦虑、抑郁等心理问题，提升个体的心理健康水平。

（2）生活学习促进。积极心理品质能够增强学生的学习兴趣和动力，提高其学业成绩和社会适应能力。

5. 积极心理品质的研究方向与展望

（1）研究中目前存在的问题。尽管取得了一些成果，但目前国内关于积极心理品质的研究还存在一些问题，如研究方法单一、样本范围局限等。

（2）未来方向。未来应拓展研究方法，扩大样本范围，深入探讨积极心理品质的形成机制及其长期影响，为实际应用提供更有力的理论支持。

总体而言，近年来国内关于积极心理品质的研究涵盖了内涵、测量、培养、影响等多个方面，取得了显著的成果。这些研究不仅加深了我们对积极心理品质的理解，也为实际应用提供了有价值的指导。

四、理论框架

积极心理品质理论为理解人类优势和美德提供了全新的视角。

1. 重新定义心理研究的重点

（1）从病理模型到优势模型的转变。积极心理品质理论将注意力从传统心理学关注的疾病、缺陷和问题，转移到关注人的长处、优势和美好。它强调识别和培养个体的优势，而非仅仅关注修复缺陷。

（2）促进心理健康的全面发展。积极心理品质理论不仅帮助人们应对生活中的挑战，还激励他们发掘和利用自身的优势，实现自我超越，提高生活的整体满意度和幸福感。

2. 强调个体优势的多维性

（1）优势的分类和识别。积极心理品质理论将优势分为多种类型，如智慧、勇气、正义、坚韧和节制等。这为个体提供了一个框架，帮助他们认识并发展这些优势。

（2）优势的发展与应用。积极心理品质理论不仅帮助个体识别这些优势，还提供方法和策略来发展和运用这些优势，以促进个人的生活满意度提升和职业发展。

3. 美德的科学研究

（1）对美德的现代诠释。积极心理品质理论将美德解释为个体在思考、情感和行为上的一系列优点，它们通过个体的现实生活实践表现出来。

（2）美德与幸福感的关系。研究发现，诸如感激、宽容、乐观和自信等美德，与个人的幸福感和生活满意度直接相关。积极心理品质理论通过科学方法研究这些美德，帮助人们更好地理解它们的实际价值。

4. 促进社会和谐与进步

（1）美德是社会连接的桥梁。积极心理品质理论认为美德不仅是个体层面的优点，也是社会互动中的关键因素。例如，宽容和正义可以促进社会的和谐与公平。

（2）构建更好的社会结构。通过培养个体的美德，积极心理品质理论旨在构建一个更加积极、健康、和谐的社会环境，这对于推动社会整体的进步和发展具有重要意义。

总的来说，积极心理品质理论通过其独特的视角和方法，为理解和发展人类的优势与美德提供了新的途径和工具。这不仅有助于提升个体的生活质量和幸福感，也对社会的整体发展产生积极影响。

五、积极心理品质的理论基础

积极心理品质的理论基础主要涵盖了几个核心概念和理论模型，这些理论为理解和促进个体的积极发展提供了科学依据。

1. 幸福理论

(1) 主观幸福感。主观幸福感是指个体对生活的整体满意度和幸福感，包括情感成分和认知成分。情感成分涉及个体经历的正面情绪与负面情绪的平衡，而认知成分则是指个体对生活满意度的评价。

(2) 心理幸福感。心理幸福感涉及个体的自我实现和个性化，包括个体潜力的实现、对自身生活目标的清晰认识以及功能完备性。

2. 优势理论

(1) VIA 优势模型。积极心理品质理论通过 VIA 优势模型定义了 24 个性格优势，并将它们归类为六大美德。这些优势是个体思考、感受和行为中的积极特质，可以通过培养和应用来提升个体的生活满意度和幸福感。

(2) 优势的应用。积极心理品质理论鼓励个体识别和发展这些优势，将它们应用于日常生活和职业活动中，以增强个体的积极体验感和成就感。

3. 自我决定理论

(1) 基本心理需求。自我决定理论强调三个基本的心理需求：自主性、能力感和归属感。满足这些需求是实现个体心理健康和动机的关键。

(2) 内化与动机。自我决定理论区分了内在动机和外在动机，并探讨了如何通过满足基本心理需求，促进外在动机的内在化，从而提升个体的行为质量和心理健康。

4. 正念理论

(1) 正念的概念。正念是一种专注于当下经验、以非评判性态度进行的觉知。它帮助个体认识自己的思维模式和情绪状态，从而更好地管理压力和情绪。

(2)正念的应用。正念训练被广泛应用于减压、情绪调节和自我提升中，通过培养正念，个体能够提高对自身内心世界的洞察力，增强心理韧性。

5. 坚韧性理论

(1)坚韧性的构成。坚韧性是指个体面对逆境时的积极应对能力，包括承诺、控制和挑战这三个维度。坚韧性高的个体能更好地适应挑战和压力。

(2)坚韧性的作用。坚韧性是个体应对生活挑战的重要心理资源，它帮助个体保持积极态度，促进心理健康和生活质量的提升。

总的来说，这些理论基础共同构成了积极心理品质的理论框架，为理解和促进个体的积极发展提供了科学依据。通过这些理论的应用，可实现个体的幸福感、生活质量和社会贡献的提升。

六、积极心理品质的分类与维度

积极心理品质的分类与维度是心理学研究中的重要课题。这些分类和维度为理解和促进个体的积极发展提供了科学依据。

1. 六大美德及其对应的 24 种性格优势

(1)智慧：包括好奇心、求知欲、判断力、灵活性(创造力)、社会智力和观察力。这些优势帮助个体在认知和知识获取方面表现出色。

(2)勇气：包括英勇、坚韧和正直。这些优势使个体能够在面对恐惧、挑战和困难时保持坚定和诚实。

(3)仁爱：包括仁慈和爱。这些优势促进个体对他人的关怀和连接。

(4)正义：包括公民职责与权力、公平和领导力。这些优势支持个体对社会正义和责任的尊重。

(5)节制：包括自控、审慎和谦卑。这些优势帮助个体抵制诱惑，保持自律和谦逊。

(6)超越：包括美的欣赏、感激、希望、灵性、宽恕、幽默和风趣。这些优势使个体能够连接更广阔的世界，体验内心的满足和愉悦。

2. 积极心理品质的六大维度

(1)自尊：个体对自己的认同和自我价值感。健康的自尊心有助于个体更自信、乐观地面对生活。

(2)希望：个体对未来的期待和信心。希望心态能激发积极性和创造力，帮助个体在面对挑战时保持积极态度。

(3)乐观：个体对生活和未来的积极态度和信念。乐观的人能够更快地找到问题的解决方案，更好地适应社会环境。

(4)自律：个体自觉控制行为和情绪，积极主动地追求目标。自律有助于培养个体的责任感和自我管理能力。

(5)自信：个体对自己能力的信任和肯定。自信能够提升个体工作表现和人际关系，增强其沟通能力和合作能力。

(6)情绪调节：个体对自己的情绪进行有效管理和调节的能力。情绪调节能力强的人能更好地应对压力，保持情绪稳定。

3. 中国中小学生积极心理品质的分类

(1)创造力：在思考和行动中展现或制造新颖和有价值的想法。

(2)求知力：对知识的渴望和追求。

(3)思维与观察：清晰、理性地分析和理解事物。

(4)真诚：真实表达自己，不虚伪做作。

(5)执着：对目标和信念的坚持不懈。

(6)爱：对他人的深情关爱。

(7)友善：对他人的友好和善意。

(8)领导力：组织和影响他人，带领团队达成目标。

(9)合作：与他人共同协作，实现共赢。

(10)宽容：对他人的错误或不足给予理解和包容。

(11)谦虚：保持谦逊的态度，不自大自傲。

(12)持重：稳重踏实，不轻浮冲动。

(13)心灵触动：对美好事物的感动和珍惜。

(14)幽默风趣：以幽默和风趣的态度面对生活。

(15)信念与希望：对未来充满信心和期待。

4. 积极心理品质理论的五个维度

(1)积极情绪：面对挑战和压力时，保持乐观、自信和愉快的心情。

(2)积极人际关系：与他人建立正面、支持性的互动和联系，获得社会支持。

(3)积极自我观念：对自己的认知和评价持有积极自我观念，树立自信心和自尊感。

(4)积极行为：为实现目标、解决问题采取的积极、主动的行动。

(5)心理韧性：面对压力和困境时迅速恢复并适应环境的能力。

综上所述，积极心理品质的分类与维度涵盖了广泛的人类优势和美德，从不同角度描绘了个体在面对生活挑战时的积极特质。通过认识和发展这些积极特质，个体不仅能够提升自身的心理健康和幸福感，还能为社会带来积极的影响。

七、积极心理品质的影响因素

1. 生物遗传因素

研究表明，某些积极心理品质如乐观主义有遗传倾向。积极心理品质与生物遗传因素的关系是一个复杂且引人入胜的研究领域。

(1)基本概念与研究方法。

①定义与范畴。积极心理品质包括个体在认知、情感和行为上的积极特征，如乐观、幸福感、自我效能感等。这些品质有助于个体积极应对压力、实现个人潜能。

②遗传力研究。遗传学通过定量遗传学的方法研究积极心理品质的遗传成分。例如，基于双生子研究，可以估算某一心理特质的遗传力，即遗传因素对个体差异的解释程度。

(2)积极心理品质的遗传基础。

①遗传力的估计。不同积极心理品质的遗传力不同。例如，幸福感的遗传力为30%~50%，表明遗传因素对幸福感有显著影响。

②遗传—环境交互作用。遗传和环境因素在积极心理品质的发展中相互作用。良好的环境条件可以增强遗传倾向的正面表达，反之亦然。

(3)具体积极心理品质的遗传研究。

①幸福感。研究发现，幸福感具有一定的遗传基础。例如，基于双生子和家族的研究数据显示，个体的幸福感水平受遗传因素影响。

②乐观主义。乐观主义也显示出遗传性。一项双生子研究揭示，乐观主义部分由遗传因素决定，同时环境因素也发挥着重要作用。

（4）生物遗传机制的探索。

①神经递质系统。积极心理品质与大脑中的神经递质系统有关。例如，多巴胺和5-羟色胺等神经递质与情绪调节和幸福感密切相关。

②基因多态性。特定基因的多态性可能与积极心理品质相关。例如，某些与神经递质代谢相关的基因（如5-HTTLPR）可能影响个体的抑郁倾向和幸福感。

（5）应用前景与挑战。

①个性化干预。了解积极心理品质的遗传基础有助于开发个性化的心理干预策略，针对个体的遗传背景进行优化。

②伦理考量。遗传信息的应用涉及敏感的伦理问题，如何保护个人隐私、避免基因歧视成为必须考虑的问题。

总的来说，积极心理品质的形成和发展是一个复杂的生物—心理—社会过程，其中生物遗传因素起到了不容忽视的作用。通过深入研究这些遗传基础，我们可以更好地理解个体在积极心理品质方面的差异，为促进个体心理健康和幸福感提供科学依据。

2. 环境因素

积极心理品质的形成和发展不仅受到生物遗传因素的影响，还显著受到家庭环境、教育背景及社会文化等环境因素的影响。

（1）家庭环境的影响。

首先是家庭氛围与亲子关系。

①情感支持。家庭中的情感支持和积极沟通对个体发展积极心理品质至关重要。一个充满爱和关怀的家庭氛围能够促进孩子自尊、自信和幸福感的提升。

②亲子互动。父母与孩子之间的积极互动，如共同活动、鼓励和表扬，能够增强孩子的乐观情绪和社交能力。

其次是教育方式与家庭规则。

①民主与权威。家庭的教育方式对孩子的心理发展有深远影响。兼具民主性和权威性的教育方式能够平衡孩子的自主性与规则感，有助于培养积极的自我调节能力。

②家庭规则。清晰、一致的家庭规则和期望能够培养孩子的责任感和自律性，这些是积极心理品质的重要组成部分。

再次是教育背景的作用。

(2)教育背景影响。

①学校氛围。包容、支持和鼓励探索的学校氛围对学生的积极心理品质发展至关重要。这样的环境能够激发学生的创造力、好奇心和求知欲。

②教师角色。教师的支持和认可对学生的自信心和自我效能感有显著影响。教师的积极反馈和鼓励能够增强学生的内在动机和学习兴趣。

③课程内容与教学方法。将积极心理品质理论的原则融入课程设计和教学方法中，如强调学生的优点、培养感恩和乐观态度，有助于提升学生的积极心理品质。采用多样化的教学方法，如项目式学习、合作学习等，能够培养学生的团队合作能力、领导力和解决问题的能力。

(3)社会文化的影响。

首先是文化价值观与社会期望的影响。

①文化差异：不同文化背景下的价值观和社会期望对个体的积极心理品质有不同的影响。例如，集体主义文化强调人际关系和谐，能够促进个体的社交能力和合作精神。

②文化适应：个体在文化适应过程中，通过学习和内化社会的积极价值观，能够促进其心理韧性和幸福感的增强。

其次是社会支持与社交网络的影响。

①社区资源。社区提供的各种社会支持和资源，如心理健康服务、兴趣小组等，能够促进个体的积极心理品质发展。

②社交网络。广泛的社交网络和积极的人际关系为个体提供了情感支持和信息交流的平台，有助于提升个体的幸福感和生活满意度。

总的来说，家庭环境、教育背景及社会文化等环境因素在积极心理品质的形成和发展中起着至关重要的作用。通过优化这些环境条件，可以有效促进个体积极心理品质的培养和发展，进而提升其整体的生活质量和社会功能。

3. 个体经历与心理状态

个体的生活经历和当前的心理状态也是影响积极心理品质形成的重要方面。个体经历与心理状态是影响积极心理品质发展的重要因素。这些因素从个体的内在体验和外在行为两个层面，对积极心理品质的形成和变化产生深远的影响。

(1) 个体经历的影响。

首先是生活事件与挑战。

①积极经历。生活中的积极经历，如成功克服困难、实现个人目标等，能够增强个体的自信心和自我效能感，促进积极心理品质的发展。

②应对挑战。面对生活的挑战和压力时，个体采取的应对策略会影响其积极心理品质的培养。积极的应对策略，如解决问题和寻求支持，有助于提升心理韧性和乐观态度。

其次是人际关系与社交经验。

①社会支持。良好的人际关系和社会支持网络为个体提供了情感上的安慰和实际上的帮助，有助于培养乐观、感恩等积极心理品质。

②人际互动。积极的人际互动，如合作、分享和沟通，能够增强个体的社会适应能力和人际交往能力，进而促进积极心理品质的形成。

(2) 心理状态的影响。

①情绪状态与调节。个体的情绪体验，如快乐、悲伤或愤怒，会影响其积极心理品质的表现。积极的情绪体验能够个体拓宽思维视野，增强创造力和灵活性。此外，有效的情绪调节能力有助于个体在面对负面情绪时保持平衡和积极的心态，从而维护和促进积极心理品质的发展。

②认知风格与思维模式。积极的认知风格，如乐观主义和自我增强，能够促进个体对积极信息的注意和加工，从而增强积极心理品质。同时，个体的思维模式，如成长心态和固定心态，会影响其面对挑战的应对方式和学习态度，进而影响积极心理品质的培养。

综上所述，个体经历与心理状态作为影响积极心理品质的重要因素，通过个体的生活经验、情绪体验和认知风格等多个层面，对积极心理品质的形成和发展产生深刻影响。优化这些因素，如提供积极的生活经历、培养有效的情绪调节能力和积极的认知风格，可以有效促进个体积极心理品质的提升。

八、积极心理品质的测量与评估

1. 积极心理品质的测量工具

积极心理品质的测量工具是心理学研究中用于评估个体积极心理特质和状

态的标准化测试。主要包括以下类型。

(1)主观幸福感测试。

①生活满意度量表：通过让被试者评价自己整体的生活满意度或对不同生活领域的满意度来测量幸福感。例如，学生生活满意度量表专为评估学生群体的生活质量而设计。

②幸福感声明量表：包含多个关于情绪状态和认知评价的声明，被试者根据自己的感受进行评分。

(2)心理幸福感测试。

①六维心理幸福感量表：基于 RYFF 的多维心理幸福感模型，包括自主性、个人成长、环境掌控等维度，用于全面评估个体的心理幸福感水平。

②自我决定理论量表：基于自我决定理论，评估个体在自主性、能力感和归属感三个基本心理需求方面的满足程度，从而反映其心理幸福感。

(3)积极情感测试。

①积极情感与消极情感量表：通过测量个体经历特定积极情感(如兴趣、活跃)和消极情感(如恐惧、内疚)的频率来评估其情感状态。

②情感强度量表：评估个体在积极情境中感受到的情感强度，如积极情感强度和消极情感强度问卷。

(4)情绪调节测试。

①情绪调节量表：评估个体如何管理和调节自己的情绪，包括认知重评和情绪抑制等策略，如情绪调节问卷。

②情绪调节困难量表：专门用于评估个体在情绪调节过程中遇到的困难和挑战，如情绪调节困难量表。

(5)乐观主义与自我效能测试。

①乐观主义—悲观主义量表：测量个体对未来结果的预期是积极的还是消极的，如扩展的乐观主义—悲观主义量表。

②一般自我效能量表：评估个体对自己在各种情境下成功应对挑战的信心，如一般自我效能量表。

(6)心理韧性测试。

①心理韧性量表：测量个体在面对压力和逆境时保持积极适应的能力，如心理韧性量表。

②坚韧性量表：评估个体在压力下的恢复力和坚持性，如坚韧性量表。

(7)感恩与宽恕测试。

①感恩量表：测量个体对生活中的善意表示感激的倾向，如感恩问卷。

②宽恕量表：评估个体宽恕他人和自己的能力，如宽恕问卷。

(8)自尊与自信测试。

①自尊量表：评估个体对自己的价值和能力的积极评价，如罗森伯格自尊量表。

②自信量表：测量个体在特定领域或一般情境中的自信水平，如自信心量表。

总之，这些测量工具为积极心理品质的研究提供了量化的手段，使得心理学家能够更深入地理解这些心理特质和状态，以及它们如何影响个体的心理健康和幸福感。然而，这些量表的使用应结合具体的研究目的和被试群体，以确保选择的工具最合适。

2.积极心理品质的测量方法

积极心理品质的测量方法及其结果的应用是心理学研究和实践中的重要方面。以下是对测量方法和结果应用的分析。

(1)自我报告量表。

①问卷设计：通过设计包含多个声明性陈述的问卷，被试者根据自己的实际情况或感受进行评分，如利克特量表。

②信度与效度：确保量表具有良好的信度和效度，以准确反映被试者的积极心理品质。

(2)行为观察法。

①直接观察：在自然环境或实验设置中，观察个体的行为表现，如乐观主义者在面对挑战时的表现。

②编码与分析：将观察到的行为编码并进行分析，以评估个体的积极心理品质。

(3)生理测量法。

①生理指标：利用生理测量设备，如心电图、皮肤电等，记录个体在特定情境下的生理反应。

②数据分析：分析生理数据与积极心理品质之间的关系，如心理韧性与压力反应的关联。

(4)神经科学方法。

①脑成像技术：使用功能磁共振成像等脑成像技术，研究积极心理品质与大脑活动的关系。

②神经机制探索：探索积极心理品质的神经基础，当个体体验到感恩时，前扣带回皮质的活动显著增强，腹侧纹状体的活动也会增强。

3. 积极心理品质测量结果的应用

积极心理品质的测量结果在心理咨询、教育、心理健康预防、促进个人成长与自我实现等领域具有多方面的应用价值，能够促进个体的心理健康发展，取得教育成效。

(1)实现个性化心理咨询。

利用积极心理品质的测量结果，心理咨询师可以设计更为个性化的咨询方案。例如，针对希望、乐观和自我效能感等不同方面的心理品质，可以采用不同的干预技术来加强个体在这些领域的能力。

通过识别个体的优势与潜能，心理咨询师可以帮助来访者发现并利用自己的强项来应对生活中的挑战，从而提升其整体的生活满意度和幸福感。

(2)优化教育策略。

在教育领域，积极心理品质的测量结果可以帮助教师了解学生的心理素质和优点，进而采取更有效的教育策略。例如，通过培养学生的希望和乐观精神，可以激发他们的学习动力，提高学业成绩。

教师可以利用这些测量结果，设计更多包含积极心理素质培养的课程和活动，如感恩练习、正面思维训练等，帮助学生发展解决问题的能力和社交技巧。

(3)预防心理疾病程序。

积极心理品质的测量在中小学校园中可以作为心理疾病预防的重要工具。积极心理品质的测量结果可以帮助学校、教师和家长更好地理解和支持学生，促进他们的全面发展和健康成长。

①通过测量学生的心理品质，教师可以根据每个学生的特点和需求，制订个性化的教育计划，帮助他们发展潜能，提高学习效果。也可以引导学生认识和欣赏自己的优点，培养他们的自信心和积极的人生态度。测量结果还可以帮助教师了解学生的社交能力和人际关系，从而提供相应的指导和训练，帮助他们建立良好的人际关系。

②学校可以将测量结果与家长分享，让家长了解孩子的心理状况，共同参与孩子的教育和成长过程。

③通过定期的测量和跟踪，可以及时发现学生的心理问题，预防心理疾病的发生。如果测量结果显示某个学生存在心理问题或者压力过大，学校可以及时进行干预，提供心理咨询或者辅导，防止问题进一步恶化。

(4)促进个人成长和自我实现。

积极心理品质的测量能够帮助个体更好地认识自己，明确自身的长处和短板。这种自我认知的形成是个人成长和自我实现过程中的关键一步。

结合测量结果，个体可以在专业心理咨询师的指导下设定具体的发展目标，比如提升人际交往能力、增强适应力等，并通过持续的训练和实践达成这些目标。

总的来说，积极心理品质的测量结果在心理咨询、教育等领域的应用，不仅能够促进个体心理健康和个性发展，还能提高教育和组织的管理效能。通过对这些品质的深入了解和应用，可以更好地发挥人的潜能，提升生活质量，促进社会和谐。

九、积极心理品质与个体发展

1. 积极心理品质与心理健康

积极心理品质对增强个体的心理适应能力和减少心理疾病风险具有显著的促进作用。具体表现在：

(1)增强心理适应能力。

①提升抗压能力。积极心理品质如乐观、韧性和希望可以帮助个体更好地应对生活中的压力和挑战。乐观的人倾向于看到事物的积极面，韧性使他们在面对困难时能够快速恢复，而希望则提供了持续前进的动力。

②增强社交能力。积极心理品质如友善、合作和感恩有助于建立和维护良好的人际关系。这些品质使个体更易于与他人沟通和合作，从而在社交环境中获得更多的支持和资源。

③提高问题解决能力。积极心理品质如创造力、开放性和自我效能感有助于个体在面对问题时采取积极的态度和方法。这些品质使个体更能够创新思考，接受新的想法，并相信自己有能力解决问题。

（2）减少心理疾病风险。

①降低焦虑和抑郁。积极心理品质如乐观、自我效能感和韧性，与较低的焦虑和抑郁水平相关。乐观的人倾向于看到事物的积极面，自我效能感使他们相信自己能够应对挑战，而韧性则使他们在面对困难时能够保持坚强。

②预防心理障碍。积极心理品质如自尊、同理心和社交支持有助于预防心理障碍的发生。自尊使人更有自信，同理心使人更能理解和关心他人，而社交支持则为个体提供了情感上的支持和安慰。

③促进心理健康。积极心理品质如感恩、乐观和希望有助于维持心理健康。感恩使人更加珍惜生活中的美好事物，乐观使人对未来充满希望，而希望则提供了持续前进的动力。

（3）提高生活质量。

①增强幸福感。积极心理品质如快乐、满足和意义感，与较高的幸福感相关。这些品质使个体更能够感受到生活的乐趣和满足，从而提升整体的生活质量。

②促进个人成长。积极心理品质如自我实现、创造力和开放性有助于促进个人的成长和发展。这些品质使个体更能够追求自己的梦想，发挥自己的潜力，并不断学习和成长。

③提高生活满意度。积极心理品质如自尊、自信和社交支持有助于提高生活满意度。自尊使人更有自信，自信使人更有动力去追求自己的目标，而社交支持则提供了情感上的支持和安慰。

综上所述，积极心理品质在增强个体的心理适应能力和减少心理疾病风险方面发挥着重要作用。通过培养和提升这些品质，个体可以更好地应对生活中的挑战，降低心理压力，提高生活质量，并减少心理疾病的发生。因此，我们应该重视积极心理品质的培养和发展，以促进个体的心理健康和社会福祉。

2. 积极心理品质与学业成就

积极心理品质对学生的学业成就产生深远的正面影响。这些影响不仅表现在学校成绩上，还涉及学生的学习态度、动机以及长远的个人发展。

（1）提升学习动机和兴趣。

①内在动机的激发。积极心理品质如好奇心和开放性，能够增强学生对新知识的探索欲望和学习的内在动机。这种动机是学习深入和持久的重要推

动力。

②学习态度的改善。积极情绪如乐观和幸福感，有助于学生在面对学习挑战时保持正向态度，减少焦虑和逃避行为的出现，从而更好地投入到学习过程中。

(2)提升学习策略和自我调节能力。

①有效的学习策略。自我效能感较高的学生往往更能采取有效的学习策略，如良好的时间管理和目标设定等。这些策略对于提高学习效率和学习质量至关重要。

②自我调节与反思。积极心理品质还能帮助学生在面对困难时显示出更强的自我调节能力，能有效地从挫败中恢复并调整学习策略，这对学业成就的取得尤为关键。

(3)促进积极的师生关系和同伴关系。

①师生互动。积极心理品质可以增进教师与学生之间的理解与支持，建立更融洽的师生关系，从而创造一个更有利于学习的环境。

②同伴支持。与同伴的良好互动也为学生提供了必要的社会支持，这种支持是他们解决学习问题和压力的一个重要资源。

(4)长远影响及生活成功的预备。

①责任感和毅力的培养。积极心理品质教育帮助学生培养责任感和面对困难的毅力，这些品质对未来的学业完成和个人职业成功有着直接的影响。

②整体幸福感的提升。保持积极心理状态的学生通常拥有更高的生活满意度和幸福感，这使他们在校园内外都能更全面地发展，为未来的成功打下坚实的基础。

综上所述，积极心理品质不仅直接影响学生的学业成绩，还通过多方面的作用机制间接地促进了学生的全面发展。因此，学校和教育者应当重视这些品质的培养，将其纳入日常教学和育人实践中，促进学生在学业上取得优异成绩的同时，也为他们的人生成功奠定基础。

3. 积极心理品质与职业发展

积极心理品质在个体的职业生涯中扮演着至关重要的角色，有助于个体实现职业成功和获得满足感。这些品质不仅促进工作效率提高和职业发展，还有助于个人在职场中的适应与成长。

(1)增强工作动力和职业满意度。

①提升内在动机。积极心理品质如好奇心和热情能够激发个体对工作的兴趣和热情，这种内在的驱动力是个体持续努力和创新的源泉。

②提高职业满意度。乐观和感恩的品质有助于个体积极评价工作经历，即使在面对挑战和压力时也能保持较高的满意度，从而更稳定地在职业道路上前行。

(2)促进职业发展和晋升。

①发展适应性和灵活性。积极心理品质如韧性和开放性让个体更能适应职场变化和压力，从而灵活调整自己的角色和策略，以应对不同的工作环境和要求。

②提升领导力和团队合作能力。积极心态的领导者通过鼓励和激励，能更有效地带领团队达成目标，同时，公正和同理心的积极心理品质，也助于建立更和谐的团队氛围，提高团队效率和协作性。

(3)提高抗压能力和减少职业倦怠。

①增强抗压能力。积极心理品质如乐观和韧性帮助个体在面对工作压力时，能采取更积极的应对方式，减少压力带来的负面影响。

②防止职业倦怠。通过积极心理品质的培养，个体学会从工作中找到意义和价值，同时有效的自我调节能平衡个体的工作与生活，减轻职业倦怠感。

(4)建立和维护职业关系网络。

①促进人际沟通和协作。积极心理品质如友善和合作精神使个体在职场中更容易与他人建立良好的关系，这有助于形成广泛的职业网络，为职业发展提供更多机会。

②增强影响力和声誉。正直和公平的品质让个体在职场中建立起良好的声誉，这种正面影响有助于职业晋升和领导力的加强。

(5)提高适应新环境的能力。

①快速适应变化。积极心理品质如开放性和适应性，使个人在转换工作环境或转换岗位时能够快速适应，这对于职业发展的连续性和稳定性尤为重要。

②持续学习和成长。好奇心和持续学习的态度确保个体不断更新其技能和知识，这是在不断变化的职场环境中保持竞争力的关键。

综上所述，积极心理品质通过多方面途径助力个体在其职业生涯中取得成功。因此，在职业规划和个人发展中，重视并培养这些积极品质，将极大地提高个体在职场上的成就感。

十、积极心理品质与社会适应

1. 积极心理品质与社会支持

积极心理品质与社会支持之间存在着密切的相互作用，这种相互作用显著促进了个体的心理适应和社会功能。

(1)增强社会联系和人际互动。

①建立更强的社会纽带。积极心理品质如友善和合作精神使个体更容易与他人建立积极的社交关系。这种亲和力有助于拓宽社交网络，为个体提供更多的支持渠道。

②提升交流质量。具备积极心理品质的个体往往能更有效地进行沟通和解决冲突，这有助于加深人际关系的亲密度和深度，从而增强来自这些关系的支撑力量。

(2)提高社会支持的利用度。

①增加求助行为。乐观和自我效能感促使个体在遇到困难时更主动寻求帮助。这种积极性不仅使个体能够获得更多资源，还能通过正面互动增强关系网络的支持。

②加强互惠性。感恩态度增强个体对他人的帮助的感激和回报，这种互惠行为完善了双向的社会支持系统，使个体在给予和接受支持时都感到更加满足和受尊重。

(3)促进个体适应能力。

①应对压力和挑战。社会支持为个体提供了必要的情感慰藉和实际帮助，使其能更有效地应对生活中的各种压力和挑战。积极心理品质如韧性得到社会支持的加持，使个体恢复力更强，适应性更高。

②促进心理健康和幸福感。社会支持带来的归属感和被需要感是个体心理健康的重要保障。积极心理品质如同理心和团队精神进一步增强个体与团体的联结，提升其整体幸福感和生活满意度。

(4)增强社会凝聚力和稳定性。

①社会稳定性的维护。积极心理品质的普及和社会支持系统的完善相辅相成，共同促进社会的稳定与和谐。个体之间的积极互动和相互支持增强了社会

的内聚力，减少了社会疏离和社会矛盾的产生。

②提升社会责任感。积极心理品质的培养还有助于增强个体的社会责任感和公民意识，使之在获得社会支持的同时，也更愿意为社会做出贡献，形成良性循环。

综上所述，积极心理品质与社会支持之间的相互作用在多个层面上促进了个体的适应和社会的整体健康。这种相互作用不仅提高了个体面对生活挑战的能力，还优化了社会结构的功能，增进了社会的和谐与进步。

2. 积极心理品质与人际关系

积极心理品质在改善人际交往和增强社会联结方面，起着至关重要的作用。这些品质不仅影响个体如何与他人互动，还决定了这些互动的质量和深度。

(1)提升交往中的积极情感表达。

①增进情感共鸣。积极心理品质如同理心和友善使个体在人际互动中更能表现出理解和关心，这种情感的正面表达有助于加深彼此的情感联系，使人们感到更被理解与支持。

②营造积极交流氛围。乐观和热情的态度可以在社交场合中营造出一种积极和愉悦的氛围，这种氛围能够促进人与人更频繁、更开放地交流，从而提升人际关系的密切程度。

(2)促进有效的沟通与冲突解决。

①加强沟通技巧。积极心理品质的培养有助于提高个体的沟通能力，如倾听能力和表达能力。这些技能是建立有效沟通的基础，可以减少误解和冲突的发生。

②冲突的积极解决。具有高度自我效能感和韧性的个体更倾向于采用建设性的方式应对冲突，而不是回避或对抗，这有助于维护和谐的人际关系和稳定的社会网络。

(3)增强团队合作与群体凝聚力。

①促进团队协作。积极心理品质如合作精神和公平感使个体在团队活动中更能展现出包容和支持性，这不仅促进了团队内部的协调和效率，还增强了团队成员之间的相互信任和依赖。

②提高群体吸引力。一个积极的团队成员往往会吸引更多人加入该团体，

这种现象增加了个体社交圈的广度和深度，同时强化了群体的凝聚力和集体认同感。

（4）建立长期的社交网络。

①持续的社交动力。好奇心和开放性促使个体不断探索和建立新的社交联系，而这些新的联系又为个体的社交生活带来新鲜血液和更宽广的视角。

②稳定和深厚的关系网。积极心理品质的帮助性和感恩心态有助于维持长期的人际关系，通过频繁地互动和相互支持，这些关系网变得更加稳定和富有弹性。

（5）增强社会责任感和公民意识。

①提升个人对社会的贡献。积极心理品质如社会责任感使个体更愿意参与社会活动和公共事务，这种积极参与加强了个体与社会的联系和影响力。

②增强社会连带感：社会连带感是法国社会学家涂尔干提出的社会学概念用于描述社会成员在相互交往过程中自然形成的协调平衡关系和行为准则。这种连带感体现在个人对社会的归属感、责任感以及对他人的关心和支持上。当社会中的多数成员都具备积极心理品质时，整个社会将呈现出更高的连带感和互助精神，这对于构建和谐社会环境至关重要。

综上所述，积极心理品质通过多种途径显著改善了人际交往的质量，并加强了社会联结。这些品质有利于个体更有效地建立和维护人际关系，同时为构建一个更加紧密和谐的社会结构提供了基础。

3. 积极心理品质与社会贡献

具备积极心理品质的个体更有可能为社会做出贡献。这些积极品质不仅提升了个人的行为表现，还影响其对社会的积极参与和贡献度。

（1）增强社会责任感和公民意识。

①更高的道德标准。积极心理品质如正直和公正让个体在行为上有更高的道德标准。他们更倾向于采取符合伦理的行动，并主动促进社会的正义和公平。

②积极参与公共事务。具有责任感的个体往往愿意参与社区服务和公共项目，他们认为这是对社会的责任和回馈。这种行为模式直接促进了社会福祉的提升。

(2)促进创新和社会进步。

①创造性思维。开放性和好奇心驱使个体探索新知识和新技术，他们的创新能力经常能带来社会和科技进步，从而推动整个社会的发展。

②适应性变革。积极心理品质如韧性和灵活性使个体在面对社会挑战和变化时，能够快速适应并提出有效的解决方案，这对于社会应对危机和持续发展极为关键。

(3)提高社会凝聚力与和谐。

①建立正向关系网络。积极心理品质如友善和合作精神帮助个体在社交网络中建立积极的人际关系，这种广泛的联系有助于形成更为紧密且更具支持性的社会结构。

②增强社区支持。具备积极心理品质的个体通常更愿意提供社会支持，如志愿服务和慈善捐赠等，这些活动不仅帮助了需要帮助的人，也加强了社区成员间的相互信任和支持。

(4)促进教育与文化发展。

①教育影响力：具备积极心理品质的教师和导师能通过榜样的力量激励学生和青年发展自己的潜能，他们的积极态度和高标准可以培养出更多具有责任感和创造力的未来社会成员。

②文化传播与交流：具有开放性和多元文化理解能力的个体在不同文化间起到桥梁作用，他们能有效地传播和交流文化价值，促进不同群体之间的理解和尊重，这对社会稳定与全球化背景下的文化交流至关重要。

(5)增强环境可持续性。

①环保意识：具备积极心理品质的个体往往更关心环境问题，并采取实际行动减少对环境的负面影响。例如，他们可能更积极地参与回收、节能和推广绿色生活方式等活动。

②可持续发展的推广。具备积极心理品质的个体能够在职业和社区中推广可持续发展的策略和产品，帮助社会向更加环保和资源节约的方向发展，这对全球环境的长期健康至关重要。

综上所述，具备积极心理品质的个体通过多种途径为社会做出了显著贡献。从提高个人的道德标准到推动社区和文化的发展，再到关注环境的可持续性，这些个体的行为和决策在不断促进社会的发展。

十一、积极心理品质的促进策略

1.教育干预策略

它是指通过有计划、有组织的教育活动来影响学生的心理状态和行为模式，以促进其积极心理品质的发展。提升积极心理品质的教育干预策略包括：

(1)正向心理学课程。在课程中融入正向心理学的元素，例如教授学生认知感恩、乐观、坚韧等积极心理品质，并通过讨论、实践活动等方式加深理解和应用。

(2)成长心态培养。鼓励学生树立成长心态，即相信能力是可以通过努力提高的。教师可以通过表扬学生的努力而非天赋，以及提出具有挑战性而又可达成的任务来培养这种心态。

(3)目标设定与追求。教导学生如何设定实际且具有挑战性的个人目标，并制订实现这些目标的计划。同时，鼓励学生追踪进度并对成果进行反思。

(4)社交与情绪学习。通过社交与情绪学习程序帮助学生发展情绪认知与调节、同理心、社交技能等，这些技能对建立积极的人际关系至关重要。

(5)正念冥想训练。实施正念冥想和放松技巧的训练，以帮助学生提高专注力，减少压力，增强情绪稳定性，提高自我意识。

(6)强化积极反馈。通过积极的行为支持和正向强化，鼓励学生表现出期望的行为。这包括赞扬、奖励以及其他可以增强积极行为的手段。

(7)角色扮演与模拟。利用角色扮演和模拟游戏让学生在安全的环境中体验不同情境，培养解决问题的能力以及在面对困难时的韧性。

(8)家校合作。与家长合作，确保学生在家和在学校都有一致的积极心理品质的培养。家长工作坊和信息共享可以帮助家长了解如何在家中支持孩子的积极心理发展。

(9)鼓励自我表达。为学生提供多种方式来表达自己，如艺术、写作、戏剧等，这有助于他们探索自我和释放情绪，同时提升自信和创造力。

(10)创建支持性环境。建立一个鼓励尝试、容许失败、重视进步的学校文化环境，这样的环境可以激励学生积极尝试新事物，并从挑战中学习和成长。

(11)教授决策与问题解决技巧。帮助学生发展批判性思维和决策能力，使他们能够有效地解决问题并应对生活中的挑战。

（12）心理健康教育。纳入心理健康教育的课程内容，帮助学生认识和理解情绪健康的重要性，并提供应对生活压力的策略。

总之，通过这些教育干预策略，学校和教师可以帮助学生建立和增强积极心理品质，从而提升他们的幸福感、成就感和生活质量。

2. 通过课程干预培养积极心理品质

（1）体验和练习活动。学者何敏贤建议通过四项环环相扣的体验和练习活动来培养学生的积极心理品质，包括"我的最佳状态""积极心理品质活动建议清单"以及"以全新的方法运用积极心理品质"等活动。这些活动旨在帮助学生发现并运用他们的积极心理品质，从而在生活情境中更好地理解和应用积极心理品质。

（2）因材施教的课程设计。不同学段的学生有不同的身心发展特点和心理需求，学校需调研学生情况，开发有梯度的课程内容，如北京第十九中学针对初一、初二年级学生"好奇心"和"热爱学习"品质下降的问题，设计了偏重于这两项品质培养的课程内容。

3. 通过学生行为管理培养积极心理品质

①具体化积极行为。将每一项积极心理品质具体化为学生在特定情境中的积极行为，例如将"自我调节"这一品质细分为遵守规定和纪律、控制情绪和行为等行为特性，并进一步具体化为在不同情境下的行为要则。

②建立强化机制。通过物质强化、社会性强化、活动性强化等多种形式激励学生的积极行为，并将其转化为习惯。

4. 全方位培育学生积极心理品质

①系统规划与源头治理。学校应将心理健康教育纳入发展规划和工作计划之中，从组织领导架构、工作制度、课程安排等方面做好顶层设计和过程实施工作。

②加强心理健康教育课程建设。坚持课堂主渠道，系统普及心理健康知识和技能，关注学生发展的连续性与阶段性。

③融合体育、美育、劳动教育及校园文化。每个学科都具有育人功能，应重视体育、美育、劳动教育以及校园文化建设在培育学生健康心理中的作用。

5.发挥学校专业优势，与家庭携手打造良好成长环境

学校应加强对教师的家庭教育指导专题培训，引导家长承担起教育子女的主体责任，共同实现教育目标。

总体而言，积极心理品质的培养是一个长期且系统性的过程，需要多方面的努力。在学校教育层面，通过课程干预和日常行为管理来培养学生的积极心理品质；在家庭和社会层面，需要构建积极的环境氛围，支持和鼓励个体展现和实践积极心理品质。同时，面对新形势下的挑战，如新冠肺炎疫情的影响，也应当针对性地制订和调整培养策略，帮助学生树立正确的人生观、价值观，促进其全面发展。

第二节　校园心理情景剧提升积极心理品质的路径

在当今社会，心理健康教育越来越受到重视，特别是在学校教育中，培养学生的积极心理品质成为教育工作者关注的焦点。校园心理情景剧作为一种有效的教育手段，不仅能够丰富学生的校园文化生活，还能够在潜移默化中提升师生的积极心理品质。本书将探讨如何通过校园心理情景剧实现这一目标，并提出具体的实践路径。

一、校园心理情景剧的定义与作用

校园心理情景剧是一种以校园生活为背景，通过角色扮演和剧情发展来反映学生心理问题的戏剧形式。它能够帮助学生在安全的环境中表达情感、理解他人、解决问题，并促进自我认识和自我成长。通过情景剧的演出，学生能够在模拟的情境中学习到如何应对现实生活中可能遇到的各种心理挑战。

二、提升师生积极心理品质的重要性

积极心理品质是指个体在面对生活中的挑战时所表现出的乐观、韧性、感恩、希望等正面心理状态和行为特征。这些品质对于学生的学业成就、人际关系和社会适应能力都有着重要的影响。教师作为学生的引导者和榜样，其积极心理品质同样对学生产生深远的影响。

三、校园心理情景剧对师生积极心理品质的影响

校园心理情景剧通过提供情感共鸣的平台，帮助师生理解和体验不同的心理状态，从而增强同理心和情绪管理能力。剧中的积极角色模型和解决问题的策略能够激发学生的积极思考和行动，进而促进积极心理品质的培养。

四、具体实践路径

(1)剧本创作：邀请师生共同参与剧本的创作，确保剧本内容贴近学生生活实际，反映真实的心理问题和积极的心理策略。

(2)角色扮演：让学生在排练和表演过程中扮演不同角色，体验不同人物的心理活动，增进自我认知和他人理解。

(3)情感共鸣：通过观看和讨论情景剧，师生可以共同分享感受和体会，建立情感连接，增强集体的凝聚力。

(4)反思与讨论：演出结束后，组织师生进行反思和讨论，引导学生从剧中学到的积极心理策略应用于现实生活中。

(5)持续跟进：通过定期的心理健康教育和情景剧活动，持续关注师生的心理发展，巩固和提升积极心理品质。

五、校园心理情景剧的实践价值

校园心理情景剧不仅能够解决和预防学生的心理问题，还能在提升学生心理健康水平、促进个人成长和优化教育环境等方面发挥重要作用。通过具体实践路径的应用，为学生提供了一个安全、支持性的环境，帮助他们在面对心理问题和情绪挑战时获得支持和解决方案。

1. 情绪认知与表达

(1)识别和表达情绪。校园心理情景剧允许学生通过角色扮演来识别和体验各种情绪，这有助于他们更好地理解自己和他人的感受。在剧中，学生可以安全地表达平时可能难以启齿的情绪，如愤怒、悲伤或恐惧，从而减少这些情绪的压抑和累积。

(2)情绪调节技能的培养。通过剧本中的冲突和解决问题的情节，学生学习到如何有效地管理和调节自己的情绪反应。剧中的角色模型提供了多种应对策

略，帮助学生在现实生活中遇到类似情境时能够更加冷静和有效地处理问题。

2. 社交技能与人际关系

（1）增强社交互动。参与心理情景剧的学生通过与同伴的合作，提高了他们的社交技能。剧中的对话和互动需要学生理解和遵守社交规则，同时也提供了练习建立和维护人际关系的机会。

（2）改善人际理解。通过扮演不同的角色，学生能够从多个视角看待问题，这不仅增强了他们对他人处境的同理心，还促进了更深层次的人际关系理解。这种理解有助于减少学生之间的误解和冲突，促进形成更为和谐的人际关系。

3. 自我认知与成长

（1）自我探索。心理情景剧为学生提供了一个探索自我的平台。在剧中扮演的角色可能与现实中的自己有所不同，这种差异迫使学生审视自己的价值观、信念和行为模式，从而促进自我认知的提升。

（2）增强自信心。在表演过程中，学生需要面对观众表达自己的想法和情感，这个过程可以帮助他们建立和增强自信心。成功的表演经验和从中获得的认可进一步提升了学生的自尊和自我效能感。

4. 学习与应对策略

（1）学习策略的探索。心理情景剧可以模拟学习中遇到的困难和挑战，学生通过剧中角色的体验，学习到有效的学习和应对策略。这些策略随后可以应用于实际学习中，提高学习效率和成绩。

（2）应对压力的能力。通过在剧中面对并解决各种问题，学生学习到如何在压力下保持冷静和集中。这种经验有助于他们在现实生活中更好地应对考试、人际关系和未来职业中面临的压力。

5. 价值观与道德教育

（1）道德和价值观的培养。心理情景剧常常涉及道德和价值观的选择，学生通过角色扮演和剧情发展，学习到正直、诚信、同情等重要的人生价值观。这些价值观的内化有助于将他们塑造成为负责任和有道德的公民。

（2）文化和多样性理解。通过剧中不同文化背景的角色体验，学生能够更好地理解和尊重个体的多样性。这种理解加大了校园内的“文化包容性和多样性”的接受度。

6. 预防心理问题

（1）及早识别和干预。心理情景剧可以作为早期识别学生心理问题的工具。通过观察学生在剧中的表现，教师和心理辅导员可以及早发现潜在的心理问题，并进行及时的干预。

（2）减少心理问题的发生率。通过提供解决和应对心理问题的策略，心理情景剧有助于减少学生心理问题的发生率。这种预防措施对于提高学生的整体心理健康水平至关重要。

7. 促进教育环境的改善

（1）增强师生关系。共同参与心理情景剧的活动有助于增强师生之间的信任和理解，从而改善师生关系。良好的师生关系是实现有效教学和维持学生心理健康的重要基础。

（2）营造积极的校园氛围。心理情景剧的实践活动营造了校园内的积极氛围，鼓励学生和教师在日常生活中实践所学到的心理健康知识和技能。这种氛围有助于提高整个学校学生的心理健康水平。

综上所述，校园心理情景剧不仅能够预防和解决学生的心理问题，还能在提升学生心理健康水平、促进个人成长和优化教育环境等方面发挥重要作用。通过这些具体的实践价值，可以看出校园心理情景剧是一种有效的心理健康教育工具，值得在学校中广泛应用和推广。

第三节　校园心理情景剧提升积极心理品质的案例分析

本节通过分析具体的校园心理情景剧案例，展示在实践中如何运用心理情景剧提升积极心理品质的路径，实现有效提升师生的积极心理品质。

一、案例赏析

1. 案例一

(1)剧本。

【标题】：理解也需要双向奔赴

【人物介绍】

张晨：主角，因家庭贫困而性格内向的高中生。

李老师：关心学生的班主任。

王明、刘丽、陈浩：班级里的不同背景学生。

【剧情简介】

《理解也需要双向奔赴》通过校园情景剧的形式，讲述了因家庭贫困而性格内向的学生张晨，如何在班主任李老师的引导下，通过同理心、社交技能培养和团队协作活动，逐渐融入班集体，最终获得同学的理解与支持的故事。

【第一幕】：班级教室

(教室内，学生们正热闹地讨论着周末的聚会计划。张晨坐在角落的座位上，低头看书，显得格外孤独。)

(李老师走进教室，环顾四周，注意到张晨的孤独状态，表情带着关切。)

李老师：(轻声，走向张晨)张晨，你最近怎么样？感觉好像有些不太开心呢。

张晨：(抬头，尝试微笑，声音低沉)没什么，老师，我……我只是有点累。

李老师：(坐在张晨旁边的桌子上，语气温和)我注意到你总是一个人，这样不好。我们班应该像一个大家庭一样互相帮助和支持。你觉得呢？

张晨：(犹豫，然后点头)嗯，我知道，只是有时候不知道怎么加入他们。

李老师：(鼓励的语气)没关系，我们可以慢慢来。其实，这周我们有个小组活动，我觉得这是个好机会让你和其他同学多交流交流。你愿意试试吗？

张晨：(略显紧张但试图表现出愿意的样子)好的，老师，我愿意试试。

李老师：(微笑，拍拍张晨的肩膀)很好，我相信你可以做得很好。记得，每个人都是独一无二的，你也有很多优点等待大家发现。

(李老师站起身，向全班宣布即将进行的小组活动，并特意提到希望这次活动能让大家都更好地了解彼此。)

李老师：（正式的语气）同学们，这周我们将进行一次特别的小组活动。我希望每个人都能积极参与，特别是那些平时不太爱说话的同学，这是一个展示你们自己的好机会。

（张晨看着李老师，眼中闪过一丝感激的光芒。）

【第二幕】：学校操场

（阳光明媚的下午，学校的操场上摆放着几个障碍物，用于即将开始的团队建设活动。学生们分成几个小组，兴奋地讨论着策略。）

（李老师站在操场中央，手持哨子，准备指导活动。张晨被分到了王明、刘丽和陈浩所在的小组。）

李老师：（吹响哨子，引起注意）好了，同学们，每个小组需要一起完成这个障碍课程。记住，这不仅是体力的挑战，更是团队合作的考验。希望大家能相互支持，共同完成任务。

（张晨所在小组的组员们开始讨论策略，张晨站在一旁，显得有些局促不安。）

王明：（注意到张晨的不自在，友好地说）嘿，张晨，你对这个游戏有什么想法吗？我们都需要你的意见哦！

张晨：（稍显惊讶，随后尝试参与）我……我觉得我们可以先让速度快的人去拿远处的物品，剩下的人解决近处的障碍。

刘丽：（点头，鼓励地说）好主意！张晨，你负责记录时间怎么样？这样我们就能知道每个环节用了多少时间。

张晨：（感到被接纳，微笑）好的，我可以试试看。

（游戏开始，张晨认真地记录时间，其他组员则在障碍物之间穿梭。每当有人完成一个任务，张晨都会报出所用时间，队员们根据这些信息调整策略。）

陈浩：（跑回来时对张晨说）干得好，张晨！有你在真是太好了。

（随着游戏的进行，张晨逐渐放松，开始更积极地与队友交流。他的表情也更加自然和开朗。）

（最后，他们的小组成功完成了课程，虽然不是最快的，但团队成员之间的合作明显增强了。）

李老师：（走过来，满意地说）非常好，我看到了非常优秀的团队合作精神。特别是张晨，你今天的表现非常出色。

（张晨听到表扬后，脸上露出了灿烂的笑容。其他组员也纷纷向他表示感谢和肯定。)

(随着活动的结束，张晨感受到了前所未有的团队归属感和个人价值的认可。)

【第三幕】：班会课

(教室内布置了几张圆桌，每桌周围围坐着几名学生。今天的班会课特别安排了一个“换位思考”活动，旨在增进同学间的理解和同情心。)

(李老师站在前面，介绍活动的目的。)

李老师：(表情严肃而期待)今天我们来做一个小实验——“换位思考”。每个人会轮流扮演别人的角色，体验他们的感受和遭遇。这能帮助我们更好地理解彼此的生活和挑战。

(学生们交换位置，张晨被分配到扮演一个经常参加课外活动的同学。)

张晨：(有些紧张地站起来，模仿那个同学的口吻)大家好，我是××。我经常参加各种课外活动，有时候会觉得很累，但我享受在舞台上的感觉。我希望大家能理解，我也需要时间休息和学习。

(其他学生认真听着，开始理解到每个人的生活都有其复杂性和压力。)

(接着，其他学生也尝试扮演不同的角色，包括张晨。)

王明：(扮演张晨，语气变得柔和)我是张晨，家里条件不是很好，所以我没有太多机会参加课外活动。我有时会感到孤单和被排斥在外。我只希望大家能给我一点理解和支持。

(班上的气氛变得更加沉重但也更加真诚。学生们开始更加关注彼此的感受。)

李老师：(点头表示肯定)很好，看到大家这么投入，我感到非常高兴。通过这样的活动，我们可以更深入地了解彼此的背景和感受。希望大家能把这种理解带到日常生活中去。

(学生们纷纷点头，一些学生看向张晨的眼神中充满了新的尊重和同情。)

(班会结束后，几位同学主动走到张晨身边，表示想要更多地了解他和他的生活。)

刘丽：(微笑着说)张晨，今天你说得很真诚，我很感动。以后如果你想参加什么活动或者需要什么帮助，尽管告诉我。

张晨：(感动，眼眶微红)谢谢你们，我真的很需要朋友的支持。

(通过这次活动，张晨不仅赢得了更多的理解和友情，也让同学们学会了如何从别人的角度考虑问题。)

【第四幕】：学期末的班级聚会

(学期末的晚上，学校多功能厅内灯光柔和，装饰着彩带和气球。学生们穿着整洁的衣服，兴奋地聚集在一起庆祝学期结束。一条大横幅上写着“友谊与理解之夜”。)

(张晨站在门口，深吸一口气，鼓起勇气走进聚会现场。他看到不少同学已经在聊天、笑闹。)

(李老师注意到张晨的到来，走过去迎接他。)

李老师：(微笑着拍拍张晨的肩膀)张晨，来了啊！今晚你是我们的重要嘉宾。放轻松，享受这个晚会吧。

张晨：(微笑回应)谢谢李老师，我会的。

(音乐响起，同学们开始跳舞和玩游戏。张晨最初还是有些拘谨，但很快被几位同学拉入游戏中。)

刘丽：(拉着张晨的手)来嘛，张晨！我们一起跳舞！

(张晨被拉进舞池，开始跟着音乐摇摆。他的表情逐渐放松，开始真正享受这个时刻。)

(晚会中段，李老师提议大家围坐一圈，分享这个学期最难忘的经历。轮到张晨时，他站起来，面带微笑。)

张晨：(语气温暖)这个学期对我来说很特别。我从一个几乎不说话的人变成了可以站在这里跟大家分享的朋友。感谢大家的接纳和支持，尤其是李老师的引导和每位同学的理解。(环视全场)现在我感觉我是真正的一分子了。谢谢大家！

(全场掌声雷动，同学们的表情中充满了赞赏和喜悦。)

王明：(鼓掌时说)张晨，你真的变了很多！我们很高兴你成为我们的朋友。

(晚会继续进行，气氛愉快而温馨。结束时，大家互相拥抱，表达对未来的美好祝愿。)

(张晨离开会场时，心情无比激动。他知道自己在这个学期获得的成长不仅仅是学业上的，更多的是在人际关系和自我认知上的飞跃。)

(2)评析。

《理解也需要双向奔赴》这个剧本就是按照第一场景完成了主角“张晨”的

问题呈现：性格内向，在班级中感到孤立无援。通过班主任老师的教育设计、运动场上的团体拓展活动、班会课上的“角色扮演”以及感受的分享和同学们的反思讨论，同学们逐渐了解并接纳他，最终帮助他融入集体。案例通过剧中角色的感受表达，培养学生的同理心。引导学生学会站在他人的角度思考问题；开展团队拓展活动时，让“张晨”担任参与活动却又没有社交压力的“计时员”，在全体同学一起共同解决问题的过程中，“张晨”获得了认可和归属感，疗愈了他的“孤立无缘”；又通过班会课和班级聚会，持续追踪设计主角的“孤独”问题处理；更难能可贵的是，全部参与人、创作、演出和观众都增强了团队合作意识和能力，在不经意的互动中教会学生如何在日常生活中更好地与人沟通和相处。这一案例为班主任班级管理、班级凝聚力培养和班上掉队学生的帮教都提供了解决方案。

2. 案例二

(1)剧本。

【标题】朋友面前能有“我”吗?

【人物介绍】

小芳：高中女生，害怕失去朋友，不敢在朋友面前表达真实想法和感受。

朋友们：小芳的同学，偶尔会提出一些不合理的请求。

家长：支持并鼓励小芳表达自己真实的感受。

心理老师：帮助小芳学习情绪管理，鼓励她维护自己的权益。

同学们：小芳的其他同学，对她的改变表示支持。

【剧情简介】

《朋友面前能有“我”吗?》讲述了高中女生小芳因害怕失去朋友而不敢表达自己真实的想法和感受，甚至面对朋友的不当要求也不敢拒绝。通过家长和同学的鼓励，以及心理老师的指导，小芳学会了情绪管理和维护自己的权益，最终敢于在朋友面前展示真实的自我。

【第一幕】：压抑的自我

场景：学校教室，午后阳光透过窗帘斑驳地洒在桌子上，学生们三三两两聚在一起聊天或复习功课。

(小芳坐在教室的一个角落，手中摆弄着笔，眼神游离不定。朋友们围坐在她的周围，讨论着放学后的活动计划。)

朋友 A:“小芳,放学后我们去新开的咖啡店怎么样?听说那里的蛋糕超级好吃!”

(小芳微微点头,勉强挤出一丝笑容。)

小芳:“嗯,听起来不错。”

(朋友 B 兴奋地拿出手机,开始查看地图和评论。)

朋友 B:“看,这里还有现场音乐表演呢!我们可以边吃蛋糕边享受音乐,多好啊!”

(小芳心中其实对这种活动并不感兴趣,她更喜欢安静的环境,可以看书或画画。但她担心如果拒绝,会让朋友们失望,甚至失去他们。)

(小芳深吸一口气,努力让自己看起来更加高兴。)

小芳:“好的,那我们就这么定了!”

(朋友们欢呼着继续讨论细节,而小芳则在心里默默叹息,感觉自己越来越远离了真实的自我。)

【第二幕】:家庭的支持

场景:小芳的家,晚餐后的客厅温馨而舒适。小芳的父母坐在沙发上,一边看电视一边聊天。小芳坐在另一边的椅子上,显得有些心事重重。

(小芳的母亲注意到女儿的不寻常,开始关切地询问。)

母亲:“小芳,你今天看起来不太开心,是不是在学校发生了什么事?”

(小芳犹豫了一下,终于决定向父母吐露心声。)

小芳:“妈妈,我有时候真的很难说‘不’。比如今天,朋友们想去一个很吵的地方,其实我一点也不喜欢,但我还是答应了。”

(父亲放下手中的报纸,认真地听着。)

父亲:“小芳,重要的是要忠于自己。如果你总是违背自己的意愿去做事情,长期下来你会很不快乐的。”

(母亲温柔地握住小芳的手。)

母亲:“宝贝,我们一直教你要有自己的想法,不要因为害怕失去朋友就牺牲自己的快乐。你有权利表达自己的感受。”

(听了父母的话,小芳感到一丝温暖和力量从心中涌出。)

小芳:“但是我真的很怕他们会因此不喜欢我。”

父亲:“真正的朋友会尊重你的感受和选择。如果你发现有人因为你的不同意见而疏远你,那说明他们可能并不是真正理解你的朋友。”

(小芳点了点头，眼中闪过一丝决心。)

小芳："谢谢你们，我会试着跟他们说出我的真实想法。"

(父母相视一笑，感到欣慰。)

【第三幕】：心理老师的引导

场景：学校心理咨询室，室内布置温馨，墙上挂着励志海报，书架上整齐地摆放着各种心理学书籍。小芳坐在一旁的沙发上，心理老师坐在对面的椅子上，桌上放着一些笔记和心理学资料。

(心理老师微笑着开场，试图让气氛放松。)

心理老师："小芳，我听说你最近在处理与朋友的关系时遇到了一些困难，想跟我谈谈吗？"

(小芳点点头，显得有些紧张但愿意开放心扉。)

小芳："是的，老师。我总是害怕如果我不同意朋友的想法，他们就会不喜欢我。这让我很困扰。"

(心理老师认真听着，不时点头表示理解。)

心理老师："这种感觉很常见，小芳。但重要的是要学会平衡自我与他人的期望。告诉我，当你不表达自己的真实想法时，你感觉如何？"

小芳："我感到很难受，就像失去了自我一样。"

(心理老师拿起一本书，翻开一页给小芳看。)

心理老师："这里有一种方法叫做'情绪日记'，可以帮助你更好地理解自己的感受。每当你觉得需要妥协时，先记录下来你的感受和原因，然后尝试找到一种既能保持自我又能考虑到他人的方式。"

(小芳听得很认真，开始觉得有了解决问题的希望。)

心理老师："此外，我们可以练习一些简单的自我肯定技巧和情绪调节的方法，让你在表达自己时更加自信。"

(小芳点头，感觉到一股力量在内心涌动。)

小芳："我愿意试试这些方法，我真的不想再这样下去了。"

(心理老师鼓励地笑了笑。)

心理老师："很好，小芳。记住，改变需要时间，但我相信你能够做到。"

(小芳离开心理咨询室时，心情明显比进来时轻松许多。她知道这是一个开始，前方还有一段路要走，但现在她不再感到孤单和无助。)

【第四幕】：勇敢地变化

场景：学校操场，一个阳光明媚的下午，学生们分散在各处进行体育活动或休息。小芳和她的朋友们坐在操场的长椅上，讨论即将到来的学校活动。

（朋友们兴奋地谈论着活动的细节，小芳则略显紧张地握着手中的书。）

朋友A："小芳，这次活动你真的不打算来吗？会很有趣的！"

（小芳深吸一口气，鼓起勇气表达自己的真实想法。）

小芳："其实我更想利用这段时间参加图书馆的阅读俱乐部。我一直对那个活动很感兴趣。"

（朋友们面面相觑，显然没想到小芳会这样回答。）

朋友B："哦，这样啊……那我们就不勉强你了。"

（小芳感到一阵轻松，同时也有些紧张地观察着朋友们的反应。）

小芳："谢谢你们的理解。我希望不会因为我的决定让大家不愉快。"

（朋友C笑着拍拍小芳的肩膀。）

朋友C："没事的，小芳。我们都有自己的兴趣嘛。你去享受你的阅读时间吧！"

（随后几天里，小芳在其他几个场合也尝试表达了自己的意见和需求。虽然每次说出来都需要勇气，但她逐渐发现自己并没有因此而失去朋友。相反，她开始感受到朋友们更多的尊重和理解。）

（一次课后，几位同学走过来支持小芳。）

同学D："小芳，我觉得你能坚持自己的想法真的很酷。也许我也该学会表达自己。"

（小芳感激地微笑。）

小芳："谢谢你们，我开始明白，真正的朋友会理解和尊重我的选择。"

（随着时间的推移，小芳不仅在朋友圈中树立了更加坚定的自我形象，还激励了周围的同学勇于表达自己。这一切变化都始于她勇敢的第一步。）

【第五幕】：真正的友谊

场景：学校的小花园，傍晚时分，金色的夕阳洒在树梢和长椅上，营造出一种宁静和谐的氛围。学生们三三两两地坐在长椅上聊天或散步。小芳和她的朋友们也在这里聚集，庆祝学期末的到来。

（朋友们围成一圈坐着，小芳带着一本书和一些小点心加入他们。）

小芳："大家好！这是我最近读的一本很棒的书，我想分享给大家。"

（朋友们好奇地看着书的封面。）

朋友 A："哇，听起来很有趣！你能给我们讲讲内容吗？"

（小芳兴奋地开始讲述书中的故事和她的感悟，她的表情生动，手势丰富。）

（讲述结束后，朋友们纷纷表示赞赏和支持。）

朋友 B："小芳，你讲得真好！下次有读书会记得叫上我们。"

（小芳感动地笑了。）

小芳："当然会的！而且我发现，当我们都能坦诚相待时，我们的友谊变得更加坚固了。"

（一位新同学试图加入。）

新同学 E："我可以加入你们的讨论吗？我也想听听更多有趣的故事。"

（朋友们热情地欢迎新同学加入。）

朋友 C："当然可以！我们这里每个人都能自由地分享自己的想法。"

（随着天色渐暗，灯光亮起，大家依依不舍地互相告别。）

（小芳独自走在回家的路上，心中充满了满足感和幸福感。）

小芳：（自言自语）"我学会了在朋友面前做真实的自己，这感觉真好。"

（2）评析。

《朋友面前能有"我"吗》剧情围绕一名学生因害怕失去朋友而难以拒绝同伴的不当要求，最终在老师和家长的引导下，学会勇敢表达自己的真实想法。学生在剧中主角的成长过程中，学会重视自己的感受和权利。通过剧中"小芳"角色面对压力时的选择，引导学生学习如何在压力下保持冷静和自主。鼓励学生在面对不公正时，勇于站出来维护自己和他人的权益。这个剧本的不足之处在于在问题解决上没有"一波三折"，在提升积极心理品质的观赏性和印象深刻的冲击性方面设计少了些。

在校园心理情景剧的实施中，通过具体案例的编排、演出以及讨论，学生不仅能够在情感上得到共鸣，还能学习到具体的应对策略和心理调适技巧，从而在校园生活中提升自身的积极心理品质。教师在这个过程中扮演着指导和监督的角色，他们的参与同样能促进其积极心理品质的提升。此外，这些心理情景剧案例的创作与演出，提供了一个反思和学习的窗口，通过它们，师生能够一起探索、体验并克服日常生活中可能遇到的各种心理和情感难题，共同创造一个更加和谐、更具支持性的校园环境。

二、实践中面临的挑战与解决策略

在实施校园心理情景剧的过程中，可能会遇到资源限制、师生参与热情不高、专业指导缺乏等挑战。学校应针对这些挑战，提出相应的解决策略，如增加资金投入、提高活动的吸引力、邀请专业人士进行指导等。

本章通过积极心理品质内涵的详细阐述，结合校园心理情景剧提升积极心理品质的路径，两个心理情景剧剧本的呈现和分析，对实践路径的实施了大致的介绍。校园心理情景剧不仅是一种受欢迎的校园文化活动，更能够成为提升师生积极心理品质的有效工具。通过不断地实践和探索，校园心理情景剧将在促进学生全面发展和构建和谐校园环境中发挥更大的作用。

第四章
校园心理情景剧在教育中的实践应用

第一节　心理情景剧在小组工作中的应用分析

校园心理情景剧在小组合作中的应用，为学生提供了一种创新且有效的团队合作和社交技能培养模式。

1. 促进团队合作

创作和表演心理情景剧需要小组成员之间紧密合作，共同决定剧情、分配角色并协调排练。在这个合作过程中团队精神和协作能力能够得到增强。通过共同完成一个剧目，小组成员可以建立起共同的目标和集体荣誉感，从而提升团队的整体凝聚力。

2. 提高沟通技巧

在心理情景剧的创作和表演过程中，小组成员需要频繁交流自己的想法和感受，这有助于提高他们的沟通技巧。学生学习如何清晰、有效地表达自己的观点，同时也学会倾听和理解他人的意见，这对他们的个人发展和未来的职业生涯都是宝贵的技能。

3. 解决冲突

小组合作中可能会出现意见不合和冲突，心理情景剧提供了一个平台，让学生通过角色扮演和剧情探讨来处理这些冲突。在剧中模拟冲突解决的过程，可以帮助学生学习如何在现实生活中以建设性的方式解决分歧。

4. 增强共情能力

在扮演不同角色的过程中，学生需要站在他人的角度思考问题，这有助于培养他们的共情能力。共情能力的提高使学生更能理解他人的感受，从而促进更为和谐的人际关系建立和社会交往。

5. 促进创意思维

心理情景剧的创作过程鼓励学生发挥想象力和创造力，设计独特的剧情和角色。这种创意活动不仅能够提升学生的创新思维，还能增加他们对艺术和文化的兴趣，提高欣赏水平。

6. 提供情感支持

小组互动中的心理情景剧可以为学生提供情感支持，尤其是在探讨和处理敏感或困难的主题时。通过共同面对和解决剧中的问题，小组成员能够感受到彼此的支持和理解，这对于建立信任和安全感至关重要。

7. 促进自我认知

参与心理情景剧的小组活动可以帮助学生更好地了解自己，包括自己的兴趣、强项和改进空间。通过观察和反思自己在小组互动中的表现，学生可以提升自我意识，并在未来的生活和学习中做出相应的调整。

综上所述，校园心理情景剧在小组互动中的应用是多方面的，它不仅能促进团队合作和沟通技巧的提升，还能帮助解决冲突，增强共情能力，促进创意思维，提供情感支持，并促进自我认知。因此，将校园心理情景剧纳入小组活动和心理健康课程中，是一种创新且有效的教育手段。

小组工作在开展的过程中一般可以分为以下几个阶段：小组初期阶段、小组中期阶段和小组后期阶段。每个小组阶段所开展的实务活动都具有不同的侧重点和不同的阶段特征。根据小组阶段的需要，小组每阶段所开展的活动是具有阶段性特色和阶段性重点的。因此，心理情景剧在与小组工作结合的过程中，需要结合小组工作的阶段性特征，将心理情景剧的基本要素和开展活动的方法融入到小组工作实务中去，进而促进小组工作的顺利开展，丰富小组工作的实务内容，保障小组工作目标的顺利实现。

一、在小组初期阶段的应用

在小组初期阶段，小组的组员之间比较陌生，存在一定的怀疑态度和陌生感，为了迅速将组员之间的陌生感消除，加深组员之间的了解，营造小组的良好活动氛围，引导者一般会通过一些活动促进组员之间的关系建立，学习和传授一些促进陌生人之间加深了解的技巧和方法。

第一，进行自我介绍。自我介绍是一种最为普遍、最为常用的相识方式。组员相互之间进行自我介绍，除了言语上的交流外，还有肢体语言的信息传达和交流。在人际交往中，组员将自身信息与他人进行交换的过程中，对他人的基本情况会有所了解，也会作出自己第一印象的判断。

第二，相互了解他人。在人际交往过程中，个体了解他人的信息越充分，对他人信息熟记程度越高，越会让他人感觉到被尊重，这将有利于双方之间交往的深入。另外，对他人信息了解得越充分，就越有可能避免出现交往的负面效果。

第三，打破环境障碍。在小组活动过程中，小组内座椅位置的设置在一定程度上会打破组员之间的陌生感，特别是采取圆形形状进行的座椅布置，会让组员之间进行无障碍交流。但在小组之初的时候，组员之间的陌生感比较强，相互之间不能进行很好的交流，因此，引导者应采取“破冰”游戏让组员充分地活动起来，打破这种座位之间的固定性，以便于小组成员采取运动的方式进行位置互换和改善小组氛围，进而加速小组成员之间的熟悉度，促进成员之间彼此的言语交流和行为交流，有利于新团体组员之间的交流和互动。

第四，表达自我感受。引导者引导小组成员把握每次小组开始阶段的机会，将自我在活动中的收获和心得体会与其他成员进行分享，进而丰富自我体验。但是，有些组员并不懂得把握机会或不善于进行自我相关情绪和情感体验的表达，而仅仅是局限于将事件进行语言性描述，不能进行相关的深层次分享，因此，引导者要引导组员进行自我感受的表达，同时其他组员也可以进行示范。组员有效地进行自我感受和情感的表达，对人际交往的改善具有很好的效果。

心理情景剧在开始的时候是需要对组员进行热身的。热身的情况类似于工作者在小组活动初期进行的“破冰”游戏。热身阶段的过程，组员会感受到组员之间及小组内部气氛的缓和、融洽、活跃等特点，有助于打破组员之间的距离感，拉近组员之间的距离。引导者在将心理情景剧的热身应用于小组初期时，重点是要烘托气氛，树立一种温暖、安全、信任的小组环境，让组员感受到现在所处的环境就是自己想要的空间，为建立心理情景剧所需要的舞台奠定相应的基础。

如某个心理情景剧的第一次小组聚会中，引导者引导组员进行了“初见陌生人”的情景剧场景。在此次的场景设置中，引导者和组员之间已经相识，并且建立了相应的小组规范。引导者在小组组员之间进行引导：“如果遇到陌生人和你打招呼或者是你需要和陌生人打招呼，你会怎么进行呢?”针对这个问题，引导者让组员之间进行相互的讨论和分享，把自身的想法与组员进行交流。在组员之间交流完毕后，引导者引导组员自愿作为“主角”将自己面对这一情况时的想法和行为展现出来。

在经过短暂安静后，小组内有人愿意主动进行展示。但引导者需要关注表达组员内心的感受和想法。因此，引导者将小组内的椅子搬到小组的中间，对展示组员说：“大家在展示的过程中，将这把椅子当做‘陌生人’。面对这个‘陌生人’将相互交流的情景展现出来。”

有的组员走到距离椅子较远的距离停住，双手紧扣放在肚前，对着椅子表达，由此可以看出组员的拘谨和紧张。在离开椅子的时候，头是低着还是平视，脸色是否通红等，都需要引导者关注。

如双手插在裤兜内，对着椅子说话，说完后能恢复平静，说明展示人展示时有压力，但展示完就自然放松了。

还有的组员走到椅子的正前面，双手交叉放在肚前，对着椅子说话自如，音速、音调正常，说完后，能伸出自己的右手做握手状，这说明该组员比较自信从容。

在组员进行自我情景展示后，引导者引导展示组员对自我的表现进行阐述。

引导者在组员分享后表示：“大家的表现都是可圈可点的，都在自己的内心鼓起来勇气进行介绍自我。大家刚才所进行的各种展示是对自我的一种挑战，相信大家通过这次的实践体验能更加认识到自我在人际交往方面存在的不足，并且根据这些不足明确自我改进和努力的方向。大家的表现都非常的好。如果让大家面对真人进行的话，大家觉得如何？”然后等小组组员表态表示赞同后，继续尝试对真人进行自我介绍。

引导者假设一个组员们可能都经历过的场景，如在同学聚会中，有陌生人和陌生异性要和你打招呼，你会怎么应对？或者在新生入学时，怎样与陌生异性或者看起来个性和自己很不相同的人打招呼等。“需要从大家当中选出一位同学担任主角，演绎面对这样的情景时的自我”，请毛遂自荐的组员站出来介绍此情此景下自己的原话会怎么说。尝试后，引导者与展示组员商谈所要表现的场景，并协助展示组员选出了两个组员担任配角，协助展示组员将情景现实化。

配角与展示组员先进行同性陌生人之间的交流。可以选择一个腼腆，拘谨的，一个落落大方的，以起到引导和对比作用。鼓励紧张的配角站出来说出自己的不自然，给展示组员信心和同理心，让组员敢于大胆继续本真的表达。

引导者紧接着对展示组员的进步予以肯定。如“展示组员某某很厉害，主动进行了自我突破，为某某的进步请大家一起鼓掌祝福。”（小组成员一起对展示组员进行鼓励）。“某某，那你能接着进行与陌生异性之间的交谈吗？”引导者紧跟着为展示组员设置了下一个场景。

随后，引导者引导组员进行观看后的分享。小组成员表示：“观看后，感觉他们演的就是自己，因为我也会遇到这样的情况，但我基本上采取的是回避的方式，不能像表演的他们一样。”“展示组员某某很厉害啊，比我强很多，我都不敢这样，要向某某多多学习。”面对组员的分享，展示组员表示：“自己也需要多多学习，需要多多地表达，敢于鼓起勇气进行与陌生人的交流。非常感谢大家的配合和分享。”

二、在小组中期阶段的应用

在小组中期，组员已经不再感到陌生，对小组活动的参与度越来越高，小组的互动更加频繁，组员之间出现冲突的概率增大。组员之间在小组的主导性、意见的表达、价值观的差异、资源的共享等方面都会出现不同程度的冲突，需要对小组可能产生的冲突进行相应的引导，进而促进小组目标的达成。引导者在引导的过程中要认识到，小组组员之间的冲突能够让组员之间在各自的需求方面有一个对比性反思，促进组员的自我反思，从而提高组员的自我认识水平和对他人的认识程度，并能学会在冲突的具体事件中的应对策略。

（1）自我认知。自我认知是社会环境中的个体在社会互动过程对自我具有不断反思和觉察的能力，这种反思和觉察是一种内在的自觉性行为，包括对自己在社会互动中的外在行为的展现和内在心理根据外在环境变化而产生的各种状态的认知。根据库利的“镜中我”理论，个体通过与社会中的他人或团体进行互动的过程来获得与自我相关的自我意识和自我评价。因此，在小组活动的过程中，组员的参与度越高，自我认识受到的挑战就会越多，进而会不断地促进组员进行自我反思，进行自我接纳和自我修正，促进自我认识水平的提高。

（2）对他人的认知。对他人的认知水平和认知程度依赖于个体与他人交往的程度。在小组活动中，组员积极地投入到小组活动中将促进组员之间的相互互动，特别是在出现冲突的过程中，因为这是一个双方进行协商解决达成一致的过程。在这个过程中，组员之间的妥协、理解和换位思考等都是促进组员之间相互理解的有效载体。组员在这个过程中与他人的互动，将进一步地加深其对他人的认知，进而有助于其学会人际交往的基本技巧和方法，有利于改善人际关系。

（3）自我情绪控制。在小组中期的过程中，小组内部会出现相关的矛盾和冲突。面对小组内部出现的矛盾和冲突，小组组员会出现自我的情绪反应，并将这种自我的情绪在小组活动中得到体现，这将对小组活动的正常开展带来一定影响，甚至会影响或激化小组内部其他组员对相关问题的情绪，严重影响小组活动目标的顺利实现。小组成员之间的这种带入小组内部的情绪体验，将有可能引起小组内部的连锁反应，进而导致整个小组陷入一种情绪式对抗或者情绪失控的状态。在小组中期阶段，小组领导者要积极地去引导组员正确认识和看待相关的矛盾和冲突，及时发现和处理组员在活动过程中出现的情绪化问题，并有针对性地引导组员培养自我情绪控制、转移情绪注意力、学会自我调节等能力，并最终将小组内产生的自我情绪引导到小组活动之外进行缓解。

心理情景剧在这个阶段的应用核心是要将组员的真实情景在舞台上进行展示，让组员在展示的过程中充分地认识到自身所处事件的状态，进而获得相应的心理疏导和解决问题的策略。首先，引导者作为导演引导组员进行热身活动，营造良好的团体氛围，让组员逐渐适应小组所要探讨的话题。其次，作为导演的引导者引导组员进行相关事件的分享，由组员自愿担任或者组员内部之间推荐主角的候选人，并进一步确定进行相关情境演示的主角。导演和主角进行确定情境的细节沟通和协商，确定基本的演出流程并做好舞台的布置工作。再次，由导演确定或者主角选择或者其他组员自愿担任配角扮演表演事件中与主角有重要关系的他人，配角协助主角做好表演相关情节的准备工作，并按照设计的舞台情景进行相应的情景剧展现。最后，引导者引导观众进行相应的分享和讨论，但不针对主角和配角进行讨论和评判，而是着重体会主角所表演出来的现实情境对自我的触动和感悟，以及自身是否有相同或相似的经历和情感体验，并针对这样的情感和经历提出自己的应对方式和方法，实现组员之间的信息共享，为他人应对相似或相同事件提供有益的参考。

在第五次小组活动中，引导者设计了两个场景。这两个场景在学生人际交往中存在的频次较多，一个是课堂上师生之间的冲突，一个是宿舍内宿舍成员之间的冲突。在课堂上师生之间产生冲突的情景上，引导者鼓励组员自愿出演教师与学生。组员的积极性较高，非常踊跃，最终由组员之间相互协商选出了扮演“教师”的主角和扮演与教师起冲突的“学生”角色的主角。引导者和组员一起布置场景：将一个桌子放在小组的前面当做讲台，其他椅子放在后面当做学生入座的椅子。“在课堂上不要东张西望的，要认真听课。”教师在讲台上对着下面的同学说。没有人理会教师。“你上课怎么不认真听讲？不知道上课要遵守纪律吗？”教师指着主角说。“我就不喜欢听课，我想干嘛就干嘛，我在家爸妈都不怎么过问我干什么。”主角的表情很不屑，双臂交叉放在胸前。

“这是在学校，不是在家里，来这里就得听老师的。”教师也不甘示弱，继续批评学生。“学校和家里不一样吗？喜欢怎么样就怎么样！反正又不影响到别人。”“你还敢和我顶嘴，这里是学校，你必须遵守学校的纪律。上课的时候就得认真听讲。”教师的音调顿时提高了很多，语气很强硬。扮演教师角色的组员已经完全入戏了。

“不喜欢听，还要逼人听，这不是强逼人吗？还让不让人活啊！”扮演学生的组员也积极投入自己的感情，与教师针锋相对。他欲做起立状，拳头紧握。引导者及时出现，引导主角暂时停止演示，就刚才的冲突点描述自己的感受。扮演教师的主角说：“我真的很气愤，哪有这样的学生啊，自己有错还不承认，强词夺理。我很生气。”“在演示的时候，我真的发脾气了，好想冲上去打这个学生。”“我也是啊，作为学生受到老师的批评就算了，可是当着那么多学生的面批评我，明显的是不给我面子嘛，让我在同学面前怎么抬起来头啊。”“我语言冲撞，是要夺回我的面子。”引导者随后问道：“那你有没有注意到你自己的行为方式呢？拳头紧握，是不是想发泄内心的火气？”“嗯，是的啊。感觉心里很不舒服，想发火。”

针对两位主角的表演，其他组员表示：“两位组员的表演很精彩，冲突很明显。但是学生和老师发生顶嘴的事情总不是很好，学生需要进行反思。”“老师的方式也不对啊，现在的学生好面子，老师应该私底下和学生说，而不是当着那么多学生的面批评啊，不然别人脸上怎么挂的住啊。”“我觉得，老师和学生都应该反思下，毕竟一个巴掌拍不响。”“应该理解老师的出发点是为学生好，学生不应该对老师没有礼貌，应该站在各自对方的立场去思考，这样才好一些。”还有的组员认为：“在发脾气之前应该先深呼吸几次，让自己的心情逐渐地平静。”最终组员教赞同双方都需要进行反思，需要换位思考，而不是针锋相对，发生冲突。

引导者及时根据组员的分享，进一步设计了宿舍内成员之间的冲突场景。小组组员小华自愿担任主角，同时选出了一个与自己所在宿舍人员小飞相似的组员担任配角，协助小华演示所设定的场景。引导者与主角、配角一起将工作用的电脑作为配角表演所需要的道具，将整个演出场地空出一部分作为宿舍。

小飞：“小华，你怎么把声音开那么大啊？没有看见我在看书吗？”（表情很生气）

“我已经开得很小声了啊，你太敏感了吧！”小华对小飞解释道。

“什么啊，这还小声啊？”

“那要多小声啊，我又不是耳聋。”（小华声音很不耐烦，突然提高音调。）

小飞很气愤地说：“你这人怎么了，说大声就是大声了。叫你关小点声音，也不花你多少力气。”

“这么大声干嘛啊？吓我啊？我就不关了。怎么着？”（小华已经开始准备针锋相对了。）

小飞也毫不示弱：“你还真把自己当成少爷了？想怎么着就怎么着啊？”

“我就少爷了，怎么着？这宿舍又不是你自己的，我也是花钱进来住的！”（小华看了小飞一眼，继续玩着电脑。）

“我给你一分钟时间，把声音关小，否则别怪我不客气。”（小飞已经将书放下，站了起来。）

“吓唬谁呢？我就不关，看你怎么着？”（小华仍然无动于衷，继续玩着电脑。）

小飞转身走向电源：“我把电源关了，看你怎么着。”（做关闭电源状）电脑关闭。

“你不想活了，是吧！”（小华起身，上前准备与小飞撕打开来。）

“停！”引导者及时出面制止，因为角色已经入戏，为了避免双方的冲突，引导者及时喊停了剧情的演出。

“刚才小华和小飞的表演，真实地再现了宿舍的场景，针对刚才的演出，小华和小飞有什么和大家一起分享的吗？”引导者鼓励小华和小飞从刚才的情境中走出来，进行自身感受的表述和分享。

小飞认为：“我在宿舍有时候也会碰到这样的情况，搞得自己很火大，不能静下心来学习，有时候就会忍着或者出去走一走。刚才的表现令我自己也很吃惊，或许是我内心感情的一种爆发吧。”

小华认为：“我也会碰到这样的情况，感觉别人在打乱我的事情。和我慢慢地说我想我会进行解决的。如果和我说话很冲的话，我有时候会忍不住自己的脾气，这就可能会导致发生冲突。”

引导者根据二人的分享，适时地引导小华和小飞互换角色，然后进行相关解决方法的演示和思考。“你怎么发这么大火啊，这么点小事情至于嘛”是组员经常说的一句话，这表明组员对事情的看法存在一定的偏差，需要站在不同的角度去思考和解决问题。进行角色互换后，小华认为：“我需要在一些情景下多站在对方的立场上去想问题、看问题，这样的话也许就不会产生这样的冲突了。”“我们应该心平气和地沟通，而不是那么急躁，没有耐心去沟通。”小飞也表示：“我们之间问题的产生是因为我们只站在自己的角度去看问题，不能很好地理解对方的感受，我们需要学会相互理解。”其他组员也表示：“我们需要在日常生活中，逐渐接受和理解他人的不当处事方式，这样才能逐渐减少冲突，才有利于获得良好的人际交往关系。”

三、在小组后期阶段的应用

在小组后期，小组内部的成员和引导者形成了全员参与的氛围，大家都全身心地投入到小组活动中，感情表达激烈、沟通程度更深、小组成员之间的信任感更强、接纳程度更深、相互支持力度更大，小组的各项活动进展十分顺利。

在这个阶段，小组工作的目标在逐渐地实现，而且组员之间的进步是通过组员内部之间的相互支持和活动的正面影响实现的。但是，需要注意的是在小组工作结束时，个别组员会因为难以面对小组解散的事实而出现情绪失控、明显的依恋和拖延行为，甚至出现行为退化现象。

因此，引导者在这一阶段的工作是要强化组员已经学到的基本技能，巩固组员的实际进步效果和处理组员产生的离别情绪。针对小组即将解散的现实和小组内部出现的情绪化反应，引导者要及时引导小组成员认识到小组解散的必要性，学会正确地面对“结束”所产生的影响和妥善地处理出现的“离别”情绪，认识自身在小组内部的收获和成长，进而控制自身所产生的不良情绪，对未来要满怀希望。

心理情景剧在这一阶段的应用主要是要进行组员所学技能的固化和离别情绪的处理。引导者需要设计现实的场景考量组员实际技能的掌握水平，根据组员的表现设计不同的表演场景让组员对不同的技能都有机会进行尝试和应用。同时，引导者还需要设计与离别相关的情景，让组员现场演示离别时的感受和情绪体验，并在分享阶段引导组员正确认识离别和探讨针对离别所产生的负面情绪，以及采取何种方式可以减轻这种负面情绪。引导者通过设置这样的心理情景剧可以很好地帮助组员强化小组目标，实现小组工作的顺利结束。

在最后一次小组活动时，完成所有的游戏环节后，引导者引导大家做最后的离别处理。引导者将一组空白纸和签字笔放在小组的空间中间，对小组的成员说：“现在，我们给我们大家每一个人向其他人提供积极反馈的机会。我希望大家每人拿一张空白纸和一支签字笔，在每张纸上写下自己的名字，然后把纸放在中间的桌子上。做好这些后，我们接下来的任务就是在其他人的纸张上写下你最想写的话，不限字数，不限格式。我希望大家写下最想写的东西。”所有人写完后，引导者引导大家：“请大家拿到自己的那一张，与我们大家一起分享上面所写的，并对他人的所写表示感谢。”在大家做完这些后，引导者说道：“这是我们在一起的最后几分钟了，我们都有机会对彼此和团体说一些话，但我想知道在这之前，大家有想要说或者想要问的事情吗？”组员之间没有人说话。“好的，那我们将小组内的椅子推到旁边，大家站成一个圈。”当这些完成后，引导者说道：“现在我们开始对我们自己进行道别，这个团体就要结束了，我想要用一种正式的仪式来结束它。”“请大家握住你左右两边人的手，环视整个群体，如果可以的话，希望大家彼此进行一下目光接触。”

“现在我们每一个人都有机会说出来一样我们打算留在这个小组内的东西，一样我们打算带走的东西，然后我们将同时退后一步并说一声再见，然后我们再后退一步，松开我们的手。接下来，让我们按照这样的方式做吧。”

小华首先发言：“我想把我的弱点留在这里，将大家对我的支持和爱以及建议带走，去开始我新的人际交往。”

“我想留下我的胆怯和羞赧。”小文说，“我想带走大家对我的鼓励和支持，非常感谢大家的支持。”

小芳环视着大家，伤心地说：“我留下了自己的一些伤感、一些悲伤，但我要带走的东西有很多很多，我不知道自己该说些什么了，我想我在这里感受到被爱和朋友之间的真心，我将带着这种朋友般的爱离开这个小组。”

在每个成员都进行了相应的发言后，大家集体向后退了两步，这次的小组工作以这样的方式结束。结束了6期的小组活动后，小组成员带着收获和感悟走进了自己的学习、生活和工作当中。引导者希望每个组员都能带着在小组中的成长收获良好的人际关系。

第二节　心理情景剧在家庭教育中的应用分析

心理情景剧在家庭教育中的应用，为传统的教育方式提供了创新和补充。

一、增进家庭沟通

心理情景剧可以成为家庭成员之间交流的媒介，尤其是通过一起参与剧本的创作和表演，家庭成员能够分享彼此的想法和感受，增进理解和沟通。这种形式的活动特别适合解决青少年与父母之间的沟通障碍，因为它以一种非正式且富有创造性的方式打开了对话的空间。

二、促进情感表达

心理情景剧提供了一个安全的环境，让家庭成员可以表达通常难以直接说出的情感，如爱、担忧、失望或愤怒。通过角色扮演，家庭成员可以更好地理解彼此的情绪和需求，从而促进更深层次的情感交流和共鸣。

三、解决家庭冲突

家庭中的冲突可以通过心理情景剧的形式进行探索和解决。通过编写和表演关于特定冲突的情景，家庭成员可以从不同的角度看待问题，并共同寻找解决方案。这种互动式的解决问题的方法，有助于减少防御性反应，促进更积极的冲突解决策略形成。

四、增强家庭凝聚力

共同参与心理情景剧的创作和表演，可以作为家庭团队建设的一种形式，增强家庭成员之间的合作精神和归属感。这种活动不仅能够对家庭生活提供乐趣，还能够加深家庭成员之间的情感联系，增强家庭的凝聚力。

五、教育子女

心理情景剧可以用作教育工具，帮助家长以寓教于乐的方式向子女传授重要的生活技能和价值观，如同理心、责任感和解决问题的方法。通过剧中的角色模型，子女可以学习到如何应对生活中的挑战，以及如何与他人建立积极的关系。

六、提升自我意识

参与心理情景剧的过程可以帮助家庭成员提高自我意识，特别是对自己的情绪、动机和行为模式的认识。这种自我洞察有助于个人成长，也能够让家庭成员更好地理解彼此的行为和反应。

七、预防和解决心理问题

心理情景剧可以用来模拟和讨论可能引起心理问题的家庭场景，如亲人去世、父母离异或学业压力。通过这种方式，家庭成员可以在一个支持性的环境中探讨这些问题，并学习如何有效地处理它们，从而预防潜在的心理健康问题。

综上所述，心理情景剧在家庭教育中的应用是多方面的，它不仅能促进家庭成员之间的沟通和情感表达，还能帮助解决家庭冲突，增强家庭凝聚力，提升个体自我意识，并预防和解决心理问题。因此，将心理情景剧纳入家庭教育中，是一种创新且有效的教育手段。

第三节　心理情景剧在班级管理中的应用分析

校园心理情景剧不仅是一种艺术表现形式，它还具有重要的教育价值，尤其在学校班级管理中发挥着重要作用。

一、增强班级凝聚力

校园心理情景剧通常需要班级成员共同参与创作和表演，这一过程能够促进学生之间的沟通和协作，增强彼此间的了解和信任。通过共同完成一个剧目，学生们可以建立起共同的目标和集体荣誉感，从而提升班级的整体凝聚力。

二、促进个体心理健康

校园心理情景剧为学生提供了一个表达自己情感和经历的平台，尤其是对于一些内向或不善言辞的学生，通过角色扮演，他们可以更自在地展示自己的内心世界。这种表达方式有助于学生释放压力、缓解情绪，预防和矫正可能出现的心理问题，促进个体心理健康发展。

三、改善师生关系

在校园心理情景剧的创作和表演过程中，教师可以担任指导者或参与者的角色，与学生共同体验艺术创作的乐趣。这种平等合作的关系有助于打破传统的师生界限，建立更为亲密和谐的师生关系，从而提升教学效果。

四、解决班级问题

校园心理情景剧可以针对班级中实际出现的问题进行创作，如同伴冲突、学习压力等，通过剧情的呈现和探讨，引导学生思考和寻找解决问题的方法。这种情境化的学习方式比传统的说教更能引发学生的共鸣，帮助他们在实际生活中应用所学到的知识和技能。

五、发展多元智能

参与校园心理情景剧的创作和表演，学生需要运用语言、音乐、肢体等多种表达方式，这有助于发掘和培养学生的多元智能。同时，这一过程也能提高学生的创造力、想象力和审美能力，促进其全面发展。

六、培养应对能力

校园心理情景剧通过模拟不同的生活场景，让学生在安全的环境中体验到各种生活挑战和困难。这种模拟训练有助于学生提前准备和练习应对真实生活中可能遇到的相似情况，提高他们的适应能力和解决问题的能力。

七、推广心理健康知识

通过校园心理情景剧的演出，可以将心理健康知识以寓教于乐的方式传达给更多的学生，提高他们对心理健康的认识和重视程度。此外，剧目的观众也能从中获得启发，学习到如何应对自己的心理问题，从而提高整个学校的心理健康水平。

综上所述，校园心理情景剧在学校班级管理中的应用是多方面的，它不仅能促进学生的心理健康发展，还能提升班级的整体氛围和凝聚力，改善师生关系，培养学生的多种能力。因此，将校园心理情景剧纳入班级管理和心理健康教育中，是一种创新且有效的教育手段。

第四节　心理情景剧在建立自信心辅导中的应用

校园心理情景剧在提升师生自信心方面扮演着重要的角色，为参与者提供了一个展现自我、挑战自我的平台。

一、提供成功体验

在校园心理情景剧的创作和表演的参与过程中，学生可以通过完成剧本创作、角色扮演等任务获得成功体验，这些体验有助于建立和增强自信心。当学生看到自己的努力能够转化为具体的成果时，他们会更相信自己的能力，从而提升自信心。

二、鼓励自我表达

校园心理情景剧为学生提供了一个表达自己想法和情感的安全环境，这种自我表达的机会对于建立自信心至关重要。通过剧中的角色，学生可以自由地展现自己的内心世界，这种表达有助于他们认识到自己的声音和经历是有价值的。

三、促进技能发展

在校园心理情景剧的创作过程中，学生能够发展一系列的技能，包括表演、导演、编剧、舞台设计等。这些技能的发展不仅能够增强学生的创造力和解决问题的能力，还能够提升他们在特定领域的自信心。

四、面对恐惧和挑战

校园心理情景剧常常要求学生面对在公众场合演讲的恐惧，或是扮演与自己性格迥异的角色，这些挑战有助于学生突破自我限制。当学生成功地面对这些挑战时，他们会感到自豪，并在心理上建立起更强的自信感。

五、提供反馈和认可

在校园心理情景剧的表演完成后，学生通常会收到来自老师和同学的正面反馈和认可，这些反馈对于建立自信心非常重要。认可和赞赏可以强化学生的积极行为，使他们更有动力去尝试新事物，并在其他领域也表现出自信。

六、增强社交能力

通过与同伴合作创作和表演校园心理情景剧，学生可以提高他们的社交技能，包括沟通、团队合作和冲突解决。良好的社交能力能够提升学生在与他人互动过程中的自信心，使他们在社交场合中感到更加自在和从容。

七、培养领导能力

在校园心理情景剧的创作过程中，学生有机会承担领导角色，如导演或主要演员，这些经历有助于培养领导能力。领导经验能够显著提升学生的自信心，因为他们学会了如何指导他人并带领团队达成目标。

综上所述，校园心理情景剧在提升师生自信心中的应用是多方面的，它不仅能提供成功体验，鼓励自我表达，还能促进技能发展，帮助学生面对恐惧和挑战，提供反馈和认可，增强社交能力，并培养领导能力。因此，将校园心理情景剧纳入教育实践中，是一种创新且有效的方法，有助于师生完善和增强自信心，展现如下：

一、优秀的我

活动的开始组员之间进行优点轰炸。每个人思考三分钟，在环形围坐的圈内依次对中心的组作出评论，要求与这个成员的真实情况相符即可。通过同学间的表述，很多组员在分享的同时都表示：不知道自己还有那么多的优点，听到同学对自身的认同觉得是一件很开心的事。

第二部分，组员们在圆形的会议桌上，每人分发纸笔各一份。主持人要求绘画的主题是“未来的我”，请想想自己的生活并记录下来，可以附加任何场景和人物，主角是十年之后的你。同学们多半是描绘的和家人和朋友在一起的场景，每个人依次对自己的画进行表述。同学演出的场景是，她想象的自己十年后的家庭相聚。同学演出的场景是在湖边举行的婚礼，其他同学还包括演出了一个忙碌的公司女董事长、一个正在做演讲的历史学家和一个在广播电视台工作的演员。发言的顺序遵循自愿，所有演出都以主角为中心，依靠主角的选择辅角完成整部戏的出演。幻想中的美好总是具有无限的力量，作为第二部分的延续。

第三部分，设立附加现实景，假设现在是十年后，大家再次聚首。面对昔日同窗，队中组员各自阐述各自的生活，进行表演。最后进行去角练习，让主角重新回到现实，进行自我整合。

本次心理剧辅导在整个活动过程中获得的效果是收益最多的。在演出的过程中，一方面个体在情感上的寄托通过戏剧表现出来。另一方面，在未来投射技术中，语言组织的更加趋向于简单的口语表达，充满积极正向的情绪有利于带动语言的输出。值得注意的是，整部心理剧的中心在于整合梦想与现实，完成梦想的演出之后，要利用时机整合现在与未来，同时要注意帮助他们建立通道，用积极情绪去替代负性感受。有半数以上的同学畅想的未来景色是与他人赞赏有关的。分享和交流环节主持者引导组员建立联系，到为了达到想理想自我与需要做出的努力密不可分。

二、完善的我

自卑心理在高中生的身上普遍存在，尤其在很多学生，因为对学业的不适应，和别的同学相比，得不到老师和同学的赞许，从而加重了自卑情绪。根据学者们已有的相关研究，人际交往能力包括多个方面，其中人际交往认知能力是其中重要的组成部分，对个体的人际交往方式和行为具有较大影响。在与他人进行交往的过程中，自我的认知方式决定了自我的行为方式。不成熟的自我认知及存在偏差的认知方式可能会导致人际交往过程中存在一定的障碍和困难，出现人际交往不够主动，缺乏自信和难以适应人际交往环境等困扰。因此，认识到自我在人际交往中中存在的人际行为方式，将有利于改善自我与他人的交往状况。

(1)消除自卑

目标：认识自我行为，认识他人行为。

技术：魔幻商店，角色互换。

活动：首先通过小游戏“互相拍拍背”活跃小组氛围；通过游戏“魔幻商店”认清自身的心理品质和个性特点。通过对以前剧本中角色的角色互换，对之前扮演自己角色的成员进行鼓励和夸奖，减少成员的自卑感。

小组成员分享：高一的同学小仪刚进入高中，从外地的初中考到新学校高一。

小仪的自我分享：“我并不是本地人，性格有些内向，方言也不很熟悉，所以我现在有些人际方面的障碍，总怀疑新同学他们对自己的友好和善意，没有较快的理解新同学们的可爱和善意，并和同学发生了口头上的冲突，进而感觉很沮丧。甚至有的时候会独自在宿舍边哭边打电话给爸妈。在经过这次活动之后，我觉得我解开了心理的困惑，认识到了同学们对自己的友善，也反思了自己的怀疑和孤僻。在排演的过程中，辅角们作为教师和同学，都对我的反省做出了鼓励，很感谢大家！”

有的同学认同和小仪进行心灵的对话，直接表明同学们对小仪的欢迎和诚意，让小仪了解同学们对她并没有排挤的意思；有的同学上去给了小仪真诚的拥抱，告诉她其实大家也都只是因为不知道从何做起，才能更好的关心她。

对于组员这种自我暴露，主持人认识到其意义非常重大，并对大家说："小仪很勇敢，能在大家面前暴露出自己的内心的真实想法，我们的成员也非常棒，你们也积极勇敢的对小仪表达了自己的善意和关心。大家如果也存在这种情况，或者以后遇到这种情况时，就可以调整对自我、对他人认知的偏差，要直面自己内心自卑的根源，试图找出解决方法。还要积极的看到自己的长处，并主动与小伙伴们沟通，相互鼓舞，可以消除自己内心的恐惧和紧张。因此在小仪讲完之后，鼓励其他组员用情感投入的方式去认同她。

(2)相信自我

目标：找出优点，增强自信心。

技术：角色交换。

活动：首先进行音乐暖身活动，即用"即兴音乐演奏"的方式，帮助成员打开内心，拉近距离。然后进行角色交换，说出现在的"自己的优点。"主持人在所有成员分享结束之后说明，你的优点是比你自己想象中的多，大家通过这个活动有没有更加清楚的认识到自己？大家口中的自己与你们脑海中的自己有差别吗？你是不是在今天听到了以前从来不属于自己的优点？每个人都是不完美的，但是反之，你们每个人身上都存在很多很多的优点，没有人是一无是处的，每个人都是独特的。以后大家再遇到挫折，就可以多想想我还有那么多优点，我凭什么就克服不了呢？

第五节　心理情景剧在情绪调试辅导中的应用

校园心理情景剧在情绪调试方面，为学生提供了一种新颖且有效的情绪管理工具。

一、提供情绪释放的渠道

校园心理情景剧通过角色扮演和剧情模拟，为学生提供了一个安全的环境，让他们能够自由地表达和释放平时可能难以直接表达的情绪，如愤怒、悲伤或恐惧。这种情绪的释放有助于减轻心理压力，预防由情绪积压导致的心理问题。

二、增进情绪认知

参与创作和演出校园心理情景剧的过程中，学生需要观察和分析角色的情绪反应，这有助于他们提高对自己和他人情绪的识别和理解能力。通过对不同情绪的探索，学生能够认识到情绪的多样性和复杂性，以及情绪对个人行为的影响。

三、学习情绪调节策略

在心理情景剧中，学生可以尝试采用不同的情绪应对策略，并通过角色的互动看到这些策略的后果。这种实践机会使学生能够在安全的环境中学习和练习有效的情绪调节技巧，如深呼吸、正念冥想或积极对话。

四、促进情绪共鸣与共情

通过扮演不同背景和性格的角色，学生能够体验到与自身截然不同的情绪体验，这有助于培养他们的共情能力。共情能力的增强使学生更能理解他人的感受，从而促进更为和谐的人际关系和社会交往。

五、改善情绪表达与沟通

校园心理情景剧提供了一个练习情绪表达的平台，学生可以在剧中学习如何清晰、恰当地表达自己的情绪，以及如何倾听和理解他人的情绪表达。这种沟通技巧的提升有助于学生在日常生活中更有效地处理与情绪相关的沟通问题。

六、探索情绪背后的原因

校园心理情景剧可以帮助学生探索引起特定情绪的根本原因，通过剧情的发展和角色的互动，学生可以更深入地了解自己的情感反应特点。

这种自我洞察有助于学生识别和处理可能的情绪触发点，从而更好地控制自己的情绪反应。

七、强化积极情绪体验

在校园心理情景剧中，学生不仅能够处理消极情绪，还能够体验到积极情绪，如喜悦、爱和满足感。通过积极情绪的体验，学生可以学习如何培养和保持积极情绪，以及如何利用这些情绪来提升自己的生活质量。

综上所述，校园心理情景剧在情绪调试中的应用是多方面的，它不仅能帮助学生释放和表达情绪，还能提高他们的情绪认知和调节能力，促进共情，改善情绪表达与沟通，探索情绪背后的原因，并强化积极情绪体验。因此，将校园心理情景剧纳入情绪教育和心理健康课程中，是一种创新且有效的教育手段。

第六节　校园心理情景剧在提升学生心理资本中的应用

心理资本是指个体在成长和发展过程中表现出来的心理资源和积极心理状态。校园心理情景剧在提升学生的心理资本方面发挥着重要的作用。

一、增强自我效能感

通过参与心理情景剧的创作和表演，学生可以在面对挑战和达成目标时体验到成功的感觉，这有助于增强他们的自我效能感。自我效能感是心理资本的关键组成部分，它指的是个人对自己完成特定任务或应对困难的信心。通过剧中的成功体验，学生可以认识到自己具备影响结果的能力。

二、促进乐观态度

校园心理情景剧的创作和演出通常涉及面对困难并找到解决问题的方法。这种经历可以帮助学生发展乐观主义，即相信未来会有积极的结果。乐观的学生更有可能采取积极的应对策略，并且在遇到挫折时保持韧性，这是心理资本中的另一个重要元素。

三、提升希望感

在校园心理情景剧的创作和演出中，学生经常需要制订目标并设计策略以达成这些目标。这个过程增强了他们的希望感，即相信自己有能力找到实现目标的途径。希望感高的学生更有可能设定挑战性的目标，并在遇到障碍时坚持不懈，这是他们心理资本的重要组成部分。

四、增加韧性

校园心理情景剧常常涉及角色面临逆境和挑战的情节。通过这些情境的模拟，学生可以学习如何在压力下保持冷静，并从失败中恢复过来。这种韧性是心理资本的关键部分，它使学生能够适应变化，从逆境中成长，并最终实现个人发展和学术成就。

五、改善情绪管理

校园心理情景剧为学生提供了一个表达和探索情绪的平台。通过角色扮演，他们可以更好地理解自己的情绪，并学习有效的情绪调节技巧。良好的情绪管理能力是心理资本的一部分，它有助于学生在压力下保持积极的情绪状态，从而更好地应对学习和生活中的挑战。

六、培养社交能力

在校园心理情景剧的创作过程中，学生必须与他人合作，这有助于提升他们的社交技能和人际关系处理能力。强大的社交网络和支持系统是心理资本的重要组成部分，它们为学生提供了必要的资源和鼓励，以应对生活中的挑战。

七、促进自我认知

通过在剧中扮演不同的角色，学生可以更深入地了解自己的价值观、信念和动机。这种自我认知是心理资本的基础，因为它使学生能够根据自己的内在导向作出决策。自我认知的提升还有助于学生识别和发展自己的优势，这是心理资本中的另一个关键要素。

综上所述，校园心理情景剧在提升学生心理资本中的应用是多方面的，它不仅能帮助学生建立自我效能感、乐观态度和希望感，还能增加韧性，改善情绪管理，培养社交能力，并促进自我认知。这些心理资本的要素对于学生的个人发展和学术成就至关重要。因此，将校园心理情景剧纳入心理健康教育和课程中，是一种创新且有效的教育手段。

第五章
校园心理情景剧对常见心理问题的矫正案例

校园心理情景剧是一种通过戏剧表演来探讨和解决学生心理问题的教育手段。它可以帮助学生在轻松的环境中面对和处理自己的心理困扰，提升心理素质和人际交往能力。本章将在详细阐述各学段学生的常见心理问题后，介绍几个关于校园心理情景剧对各学段学生常见心理问题进行矫正的案例。

第一节　小学生常见的心理问题

小学生正处于心理和生理迅速发展的阶段，这一时期他们可能会面临多种心理问题。

一、适应障碍

(1)学校适应问题。小学生们从幼儿园进入小学，环境的转变对他们来说可能是个挑战。他们需要适应更严格的学习要求、复杂的社交环境和不同的师生关系。

(2)家庭适应问题。家庭结构的变化(如父母离异)、家庭成员的增减或经济状况的改变都可能影响小学生的情绪和行为表现。

二、学习压力与焦虑

(1)学业压力。随着学习内容的深入，部分学生可能感到学习压力大，担心成绩不理想，这可能导致焦虑和抵触情绪。

(2)考试焦虑。考试是小学生普遍面临的问题，对成绩的过分关注可能导致考试焦虑，出现考前紧张、失眠、胃痛等身体症状。

三、社交问题

(1)同伴关系。小学生在与同龄人互动时可能遇到排斥、欺凌或朋友关系不稳定等问题，这些问题会影响他们的社交能力和自信心。

(2)师生关系。教师的教育方式和态度对学生的心理发展有重要影响。过于严厉或不支持的老师可能造成学生的心理压力和恐惧。

四、自尊心和自我意识问题

(1)自尊心受挫。小学生在学习或体育活动中未能达到预期的表现，可能导致自尊心受挫，感觉自己不如他人。

(2)自我意识加强。随着年龄的增长，小学生开始更加关注自己的外貌和能力，可能会出现自我怀疑和不安全感。

五、行为问题

(1)反抗行为。在这个阶段，小学生开始进行独立性探索，可能会出现不听话或与家长、老师对抗的行为。

(2)注意力问题。部分小学生可能有注意力缺陷问题，导致在课堂上不能集中注意力，影响学习效果。

综上所述，针对这些常见的心理问题，学校和家庭应共同提供积极的支持和适当的干预措施，如开展心理健康教育、提供心理咨询服务、创造支持性的学习环境等，以帮助小学生更好地适应成长过程中的各种挑战，促进其健康、全面的发展。

第二节　初中生常见的心理问题

初中生常见的心理问题包括多种方面，有些问题甚至严重影响了他们的正常成长和发展。

一、自卑心理

(1)自我低估。由于学习成绩、家庭经济状况或个人成长经历等原因，很多初中生对自己的能力和品质作出过低的评价，感到自己不如他人。

(2)情绪问题。自卑心理导致学生常常出现害羞、内疚、忧郁、焦虑等负面情绪，这进一步影响了他们的社交和学习表现。

二、逆反心理

(1)反抗行为。逆反心理是青少年阶段常见的心理状态，表现为对权威或传统观念的反感和对抗，例如对家长或老师的要求采取相反态度。

(2)心理成因。这种心理的产生可能源于家庭中的专制氛围、缺乏交流平台或者学校教育方式存在问题，学生对此产生思想矛盾和抵触情绪。

三、孤独感

(1)社交障碍。许多中学生性格孤僻、害怕交往，常常感到自己被人拒绝或遗忘，心理上与世人隔绝。

(2)缺乏交流。许多中学生抱怨别人不理解自己，不愿融入集体生活，从而形成孤立的状态。

四、嫉妒心理

一些学生不能正确看待同学之间的差异，对于比自己漂亮、成绩好或受老师宠爱的同学容易产生嫉妒心理。这种心理会导致中伤他人、敌视甚至报复行为，严重影响学生的人际关系和心理健康。

五、唯我独尊心理

一些学生处处以自己为核心，对待集体和社会表现出麻木不仁的态度，过于追求个人利益。当个人欲望得不到满足时，可能会损害他人或社会的利益，甚至走上违法犯罪的道路。

六、厌学心理

许多学生对学校生活失去兴趣，产生厌倦和冷漠情绪，学习动力不足。严重的厌学心理会导致学生旷课、辍学，甚至对未来失去信心。

七、早恋问题

(1)恋爱误区。中学生在身心发育过程中，容易对异性产生好奇和向往，过早陷入恋爱关系。

(2)影响因素。媒体影响、叛逆心理以及缺乏适当的性教育，都会使学生走入早恋误区。

八、迷恋网络问题

(1)自制力差。一些初中生自制能力差，容易沉迷于网络，严重影响学习和生活。

(2)社会问题。随着互联网的普及，这一问题变得越来越严重，需要引起家长和学校的重视。

九、追星问题

(1)盲目崇拜。中学生容易受到娱乐媒体的影响，盲目崇拜明星，甚至不顾安危参与追星活动。

(2)财务风险。有的学生为了支持偶像，不惜花费大量钱财，给家庭带来经济负担。

十、考试焦虑

(1)情绪不稳。考试焦虑是指学生在考试前紧张不安，担心学业成绩不理想或被批评，导致无法发挥出应有的水平。

(2)身心健康。严重的考试焦虑不仅影响学习效果，还对学生的身心健康造成潜在威胁。

十一、情绪问题

(1)情绪起伏大。初中生情绪丰富但不稳定，容易因小事激动或灰心丧气，影响学习和生活。

(2)不良后果。放任不良情绪发展会影响同学间的友爱和团结，甚至可能导致违反校规或法律。

综上所述，初中生的心理问题多种多样，涉及自卑、逆反、孤独、嫉妒等多个方面。这些问题的存在不仅影响学生的学习成绩和人际关系，还可能对他们未来的成长造成深远影响。因此，学校和家庭应共同关注这些问题，提供积极的支持和适当的干预措施，帮助初中生更好地适应成长过程中的各种挑战，促进其健康全面地发展。

第三节　高中生常见的心理问题

高中生正处在充满了变化和挑战的青少年时期。他们不仅在生理上逐渐成熟，心理上也在迅速发生变化，面临着许多成长中的挑战。这一时期易出现的心理问题成因复杂多样，既有因身体快速成熟而产生的困惑，也有来自社会、学校和家庭的压力。以下是高中生常见的心理问题的详细阐述。

一、自卑心理

(1)成因：部分高中生由于自身成绩不好、外貌欠佳、家庭经济状况不良等原因，对自己缺乏信心，产生自卑感。

(2)表现：自卑会导致学生对自己的能力和价值产生怀疑，影响其正常的社交和发展。

二、逆反心理

(1)成因：逆反心理的产生常因认知方式和思维模式的差异而导致，一些高中生容易对家长和老师的善意要求和批评指导产生逆反情绪。

(2)表现：有逆反心理的学生常常抵触权威，喜欢反驳，并且不愿意接受他人的建议。

三、孤独心理

(1)成因：性格内向或缺乏社交技巧的高中生容易产生孤独感。

(2)表现：他们在集体活动中感到被孤立，难以融入团队，经常独自行动。

四、嫉妒心理

(1)成因：高中生之间存在强烈的比较心理，当遇到更优秀的同学时，容易产生嫉妒情绪。

(2)表现：这种情绪会驱使一些学生在言语或行为上攻击他人，影响人际关系。

五、厌学心理

(1)成因：学习方法不当、学习压力过大、缺乏兴趣都可能导致高中生产生厌学心理。

(2)表现：这些学生对学习感到厌倦，无法集中精力上课，甚至出现逃学现象。

六、早恋问题

(1)成因：青春期的生理变化和情感需求使得一些高中生过早陷入恋爱关系。

(2)表现：早恋可能会分散学生的注意力，影响学习成绩，甚至导致情感困扰。

七、网络成瘾

(1)成因：过度使用互联网和沉迷网络游戏会让高中生产生心理依赖，形成网络成瘾。

(2)表现：这些学生沉迷于虚拟世界，忽视现实生活，浪费大量时间，影响学业。

八、考试焦虑

(1)成因：部分学生对考试成绩过分看重，担心未来前途，导致考试焦虑。
(2)表现：学生考前紧张不安，思维刻板，无法正常发挥水平。

九、情绪问题

(1)成因：高中生情绪波动较大，容易受到外界因素影响。
(2)表现：情绪不稳定，喜怒无常，影响学习和生活。

十、学业问题

(1)成因：部分高中生学习方法不当、缺乏学习规划导致出现学业问题。
(2)表现：学生学习效率低下，成绩不佳，对未来失去信心。

十一、暴力倾向

(1)成因：个人性格、家庭环境和社会文化中的暴力倾向可能导致校园暴力行为。
(2)表现：一些学生因为小事产生霸凌行为，甚至动用暴力解决问题。

十二、敏感多疑

(1)成因：部分高中生过分关注自我形象和他人评价，导致敏感多疑。
(2)表现：学生对他人言行过于敏感，容易猜疑，并因此感到压抑和孤独。

综上所述，高中生面临的种种心理问题需得到及时关注和解决。家长、学校和社会应共同努力，提供科学的心理健康教育，开展有效的心理辅导活动，帮助学生建立健全的人格和良好的心态。同时，高中生自身也应学会自我调节，提升耐挫力，以积极的态度面对生活中的每一个挑战。

第四节　校园心理情景剧对小学生常见心理问题的矫正案例

【标题】《我“可以”和我“不行”》
【人物介绍】

小明：小学四年级学生，乐观积极，面对困难时勇于挑战和尝试，即使失败也保持不气馁的态度，善于思考并调整自己的认知。

小华：小学四年级学生，缺乏自信，遇到挑战时容易感到伤心和怨天尤人，不愿求助他人，自我封闭，导致情况越来越糟糕。

【剧情简介】

《我“可以”和我“不行”》通过两个小学四年级学生的故事，展示了面对困难时不同心态的影响。小明的“我可以”态度帮助他克服学习和生活中的难关，而小华的“我不行”则让他陷入困境。剧本旨在鼓励学生面对挑战时保持积极的心态，学会求助与反思。

【第一幕】教室

（一个宽敞明亮的教室，墙上挂着各种学习海报。学生们正在上课，老师在黑板前讲解数学问题。）

小明坐在第三排，专注地看着黑板，不时点头或记笔记。

小华坐在角落的位置，显得有些心不在焉，眼神游离不定。

（老师布置了一个难题，让学生们独立解决。）

小明（皱眉思考，然后开始动手解题，偶尔停下来思考，但很快又继续写下去）：这个题目有点难，但我可以试试。

小华（看了一眼题目，立刻露出失望的表情，低声嘟囔）：这太难了，我怎么可能会呢？

（老师走过来查看他们的进度。）

老师（微笑着对小明说）：小明，你的思路很清晰，继续保持！

小明（笑着回应）：谢谢老师，我会努力的。

老师（转向小华，温和地说）：小华，不要放弃，试着解一解看。

小华（低头，声音低沉）：我不会做的，老师。

（老师轻叹一声，拍了拍小华的肩膀后离开。）

小明（完成题目后，看向小华，友好地说）：小华，要不我们一起讨论一下这个问题？

小华（摇头，避免眼神接触）：不用了，谢谢你，我解不出来。

（小明有些无奈地笑了笑，继续检查自己的答案。）

【第二幕】操场

（学校的操场上，孩子们正在进行体育课的活动。阳光明媚，气氛活跃。）

小明和小华被分到同一个接力跑小组。小明看起来兴奋而期待，而小华则显得有些紧张和不安。

（比赛开始前的准备阶段。）

小明（拍拍小华的肩膀，鼓励道）：小华，别担心，我们一起加油！

小华（勉强笑笑，声音低弱）：嗯，好的。

（比赛开始，小明是第一棒，顺利地完成了自己的部分。）

小明（跑完后，回头向小华喊）：小华，你可以的！加油！

（小华接棒时手忙脚乱，最终掉棒了。）

小华（捡起接力棒，满脸通红，显得非常尴尬和沮丧）：对不起，我又搞砸了。

小明（迅速跑到小华身边，安慰道）：没关系的，小华，下次我们再一起努力。

（其他队员虽然有些失望，但也纷纷上前安慰小华。）

小华（低着头，声音带着哭腔）：我总是做不好，我真的不适合这样的活动。

小明（认真地说）：小华，每个人都有不擅长的事情，关键是我们要敢于尝试和面对。你只是需要更多的练习和信心。

（小华没有回答，只是默默站在一旁，看着其他队伍继续比赛。）

小明（轻声对小华说）：别太自责了，我们都有失败的时候。重要的是从失败中学习，变得更强。

（小华抬头看了小明一眼，眼中闪过一丝感激。）

【第三幕】图书馆

（校园图书馆内，书架上整齐排列着各类图书，环境安静祥和。小明和小华坐在一张桌子旁，准备进行科学项目的研究。）

小明（拿出笔记本和一些资料，兴奋地说）：小华，我们这次的项目主题是“太阳能的应用”，我觉得挺有意思的。

小华（看着手中的书，不太确定地说）：是啊，但是我不知道能不能做好。

（小明注意到小华的犹豫。）

小明（鼓励地说）：嘿，我们可以一起研究，互相帮助。你看这个资料（指向一本关于太阳能的书），它解释了太阳能板如何转换能量。

小华（稍微放松一些，好奇地问）：哦？那太阳能板是怎么工作的呢？

（小明详细解释太阳能板的工作原理，同时用手势模拟光能转化为电能的过程。）

小明（笑着说）：看吧，其实没那么复杂。我们也可以做一个小实验来测试太阳能板的效率。

小华（点头，似乎有所启发）：那我们试试看？也许我能学到一些东西。

（两人开始整理材料和设备，准备实验。小华逐渐投入其中，开始主动操作一些步骤。）

小华（小心翼翼地调整太阳能板的角度，小声说）：这样对吗？我觉得应该能捕捉到更多阳光。

小明（观察着数据记录器，满意地说）：对，就是这样！看，数据开始变化了！我们成功了！

（实验结束后，两人一起整理数据和撰写报告。）

小华（看着完整的报告，有些自豪地说）：没想到我们真的做到了。我之前还一直怀疑自己。

小明（拍拍小华的肩膀，笑着说）：看吧，只要我们相信自己，没有什么是不可能的。你做得很好！

（小华露出了久违的笑容。）

【第四幕】家中

（晚上，在小明的家中，客厅里温馨舒适，有一盏台灯亮着。小明和小华坐在桌前，周围散落着书本和笔记本。）

小明（翻看着一本科学杂志，兴奋地说）：看这里，小华，这篇文章讲述了最新的可再生能源技术！我们可以把这些信息加入到我们的项目中去。

小华（认真听着，点头）：听起来不错。我也想了解更多这方面的知识。

（小明递给小华一张纸和笔。）

小明（鼓励地说）：那你来总结一下我们目前了解到的主要点吧，这样可以帮助我们更好地组织报告。

小华（接过纸笔，稍显紧张但开始写字）：好的，我来试试。（写着写着，表情逐渐变得自信）我发现我开始理解这些概念了。

（两人交换想法并讨论如何将这些新信息整合到他们的项目中。）

小华（展示他的笔记，笑着说）：看，我把这些都整理出来了！感觉我也能做出贡献了。

小明(看着笔记，赞许地说)：太棒了，小华！你的整理非常清晰。我们合作无间啊！

(两人继续讨论细节，直到夜深。)

小华(收拾东西时，感慨地说)：今天真的很充实。我以前总是害怕做这些，但现在我觉得自己能做得更好了。

小明(微笑，收拾书本)：是的，只要我们愿意尝试和学习，就没有什么是我们做不到的。你今天做得非常好！

(小华的脸上露出了满足的微笑，他们互道晚安后各自回家。)

校园心理情景剧以其生动形象的表现形式，成功地帮助许多小学生矫正了常见的心理问题，许多优秀的校园心理情景剧都在发挥着积极的作用。这种教育形式不仅能够让学生在轻松愉快的氛围中获得心灵上的疗愈，还能够提高他们的人际交往能力和自我表达能力，是值得广泛推广的一种心理健康教育方式。

第五节 校园心理情景剧对初中生常见心理问题的矫正案例

【标题】：《寻路》

【人物介绍】：

张明：初中一年级学生，13 岁，成绩中等偏下，内向且易焦虑。

李老师：张明的班主任，数学老师，40 岁，严厉但关心学生。

王丽：张明的同班同学，学习成绩优秀，性格开朗，乐于助人。

张父：张明的父亲，公司职员，45 岁，对张明的学业成绩有较高期望。

张母：张明的母亲，家庭主妇，42 岁，温柔体贴，常鼓励张明。

【剧情简介】：

《寻路》聚焦于初中生张明在学习和生活中的迷茫与挣扎。面对学业的压力和对未来的不确定，张明经历了从自我怀疑到自我探索的转变过程。通过与老师、同学和家人的互动，他逐渐认识到自己的价值，找到了前进的动力与正确的发展方向。

【场景一：学校的教室】

(教室内，学生们正忙着写作业，阳光透过窗户洒在桌子上。张明坐在教室的一角，看起来有些焦虑，不时地翻动着书本。）

（李老师走进教室，手里拿着一堆试卷，表情严肃。他走到讲台前，开始发试卷。）

李老师：（声音响亮）同学们，这次月考的成绩已经出来了。请大家注意听自己的名字和分数。

（学生们纷纷停下手中的活动，紧张地注视着李老师。张明也放下了笔，眼神中透露出一丝担忧。）

李老师：（逐一念出名字和分数）……张明，62 分。

（张明听到自己的分数后，脸色顿时变得苍白。他低下头，避免与周围同学的目光接触。）

（下课铃声响起，同学们陆续离开教室。张明独自坐在座位上，显得格外孤单。）

（王丽注意到张明的情绪，走过去轻轻地拍了拍他的肩膀。）

王丽：（语气温和）张明，别太难过了。考试只是一次检测，不代表一切。我们一起努力，下次一定能考得更好。

张明：（抬头，尽力微笑）谢谢你，王丽。我只是觉得有点……不知所措。

王丽：（鼓励地）每个人都会有低谷的时候，关键是要找到适合自己的学习方法。如果你不介意的话，我可以帮你复习。

张明：（眼中闪过一丝感激）真的吗？那太好了。我确实需要一些帮助。

（王丽点头，两人开始讨论起学习计划。）

【场景二：张明的家】

（晚饭后，张明家的客厅里温馨而安静。张明坐在沙发上，看起来心事重重。张父坐在对面的椅子上，手里拿着一份报纸。张母则忙碌地收拾餐桌。）

张母：（关切地）明明，今天怎么这么早就回家了？你看起来不太开心。

张明：（低头，声音低沉）今天的考试成绩出来了，我又没考好。

张父：（放下报纸，眉头微皱）又是数学吗？我们不是讨论过你的学习计划吗？你需要更加努力才行。

张母：（轻声安慰）别太严格了。每个人都有不擅长的地方。重要的是找出问题所在，然后解决它。

张明：（抬头，试图解释）我知道，但是有时候感觉自己好像怎么也学不好……

张父：(打断)学习是需要方法的。你不能只是死记硬背。你有没有试着改变一下学习方式？

张明：(有些沮丧)我试过，但还是感觉很难跟上别人的步伐。

张母：(坐到张明旁边，柔声说)明明，你知道吗？每个人都有自己的闪光点。也许数学不是你的强项，但你有很多其他的优点。比如你的绘画就很棒。

张明：(略显惊讶)真的吗？我以为你们只关心我的学习成绩。

张父：(缓和语气)当然不是。我们关心的是你的成长和快乐。成绩只是一部分。我们可以一起找找看还有什么是你感兴趣的。

张母：(点头)对，我们可以一起探索你的兴趣爱好，也许你会找到新的动力。

(张明的表情逐渐放松，他看着父母，眼中有了一丝希望。)

【场景三：图书馆】

(校园图书馆内，书架整齐排列，灯光柔和。张明和王丽坐在一张大桌子前，桌上摊开摆放着各种数学参考书和笔记。)

王丽：(指着一本打开的参考书)看，这个公式是解决这类问题的关键。我们可以通过实际的例子来更好地理解它。

张明：(专注地看着书页)我之前总是跳过这些例题，直接去做题了。原来它们是这么重要啊。

王丽：(点头)对，理解了原理之后，题目就会变得简单很多。试试看这个例子？

(张明拿起笔，按照王丽的指示尝试解题。他的眉头渐渐舒展开来。)

张明：(兴奋地)我懂了！原来是这样连接起来的！谢谢你，王丽。

王丽：(笑着)不用谢，互相帮助嘛。你看，一旦找到适合你的学习方法，数学也可以很有趣的。

(两人继续讨论其他题目，气氛轻松愉快。)

(此时，李老师经过图书馆，看到他们认真学习的样子，走过来加入他们。)

李老师：(微笑着)看来你们正在努力啊，张明，很高兴看到你这么积极。

张明：(有些不好意思地)是的，老师。王丽帮了我很多。我想我终于找到了适合自己的学习方式。

李老师：(鼓励地)很好，保持这种态度，你会进步很快的。记得，遇到困难不要害怕求助，我们都在这里支持你。

（张明点头，感觉到一种前所未有的信心和动力。）

（李老师离开后，张明和王丽继续他们的学习会话，两人都显得更加轻松和自信。）

【场景四：学校操场】

（操场上阳光明媚，学生们穿着运动服聚集在一起准备参加运动会的各项比赛。张明站在跳远沙坑旁，穿着运动装备，看起来既紧张又兴奋。）

（王丽和其他几位同学在旁边为他加油鼓劲。）

王丽：（挥动手臂）加油，张明！你可以的！

（张明深吸一口气，集中精神。他开始助跑，速度逐渐加快，最后一跃而起，稳稳地落在沙坑中。）

（裁判员测量距离后，向张明竖起大拇指。）

裁判员：不错的尝试，张明！你的进步很大！

（张明从沙坑中站起来，脸上带着满足的微笑。）

张明：（喘着气，兴奋地）谢谢！我感觉这次比上次跳得更远了！

（王丽和其他同学围过来，纷纷拍手称赞。）

王丽：（笑着拍拍张明的肩膀）看吧，你做得很好！你在体育上真的很有天赋呢。

张明：（笑着回应）是啊，我也没想到自己能做得这么好。这让我更有信心了。

（运动会结束后，张明独自一人坐在操场的看台上，思考着今天的体验。）

张明：（自言自语）也许我真的可以找到自己的特长和兴趣。学习并不是唯一的出路。我可以尝试更多不同的事情，找到真正适合自己的路。

（他的表情变得更加坚定和明朗。）

第六节　校园心理情景剧对高中生常见心理问题的矫正案例

校园心理情景剧通过戏剧表演的形式，将高中生常见的心理问题如考试焦虑、自卑感、人际交往困难等展现出来，并提供了解决这些问题的方法和策略。

【剧名】：《战胜心魔》

【人物介绍】：

李明：高二学生，因考试失败而自卑和焦虑。

张华：李明的好友，乐观开朗，善于鼓励他人。

王老师：心理辅导老师，擅长引导学生正面思考。

父亲母亲：对李明寄予厚望，但给予压力过大。

【剧情简介】：

《战胜心魔》讲述了高二学生李明，在一次重要考试失败后，产生了强烈的自卑和焦虑感。通过与好友张华的交流、心理老师王老师的指导，以及自我激励和角色扮演的练习，李明逐渐克服了心理障碍，学会了正确面对失败，并提高了应对未来挑战的能力。

【场景一】：考试挫败

（图书馆内，李明坐在桌前，面前堆满了书本和试卷。他的眉头紧锁，眼神流露出明显的焦虑和不安。）

（李明翻开试卷，看着满页的红叉，手开始颤抖，呼吸变得急促。）

李明（低声自语）：怎么又是这样？我明明复习了很久，为什么还是不行？

（他闭上眼睛，深吸一口气，试图平复情绪。）

（此时，张华走进图书馆，注意到李明的异常，走过去拍拍他的肩膀。）

张华（关切的语气）：嘿，李明，你看起来不太对劲啊，发生什么事了吗？

李明（睁开眼睛，尽力挤出一丝笑容）：哦，没什么大不了的，就是这次考试又没考好。

张华（坐在李明旁边，语气轻松）：考试嘛，偶尔失手也是正常的。关键是要从中学习，找出问题所在。

李明（叹气，显得有些无助）：我知道，但是每次失败都让我感到很沮丧，感觉自己好像什么都做不好。

张华（认真地看着李明）：李明，失败是成功之母。我们都会经历挫折，关键是如何面对它。你需要的可能是一个不同的学习方法或者调整一下心态。

（李明点点头，表情稍显释然。）

张华（拍拍李明的背）：走，一起去散散步吧，换换脑子。有时候，离开书桌一会儿，反而能看得更清楚。

（两人起身，慢慢走出图书馆。）

【场景二】：心理辅导

（学校的心理辅导室内，墙上挂着温馨的励志海报，房间布置得温馨舒适。王老师坐在办公桌后，桌上摆放着一些心理学书籍和笔记。）

（李明和张华一起进入房间，王老师微笑着示意他们坐下。）

王老师（温和的语气）：李明，张华，欢迎你们。来，坐吧。听说最近有点小困扰？

李明（坐下，显得有些紧张）：是的，王老师。我最近因为考试的事感到很焦虑，不知道应该怎么办才好。

王老师（点头理解地）：这很正常。每个人在成长的路上都会遇到挑战。告诉我，当你想到考试时，心里是什么感觉？

李明（低头沉思，然后抬头）：就是很害怕会失败，怕让父母失望，怕自己不够好。

王老师（拿起一张纸和笔）：让我们做个小练习。写下你的这些担忧，然后我们一起看看能不能找到解决的方法。

（李明接过纸笔，开始写。王老师观察他的动作，然后继续引导。）

王老师（鼓励的语气）：很好。现在，想象一下如果你的朋友遇到这样的问题，你会怎么安慰他？

李明（停下来思考，然后慢慢地）：我会告诉他每个人都有不擅长的地方，重要的是不断尝试和改进。

王老师（微笑）：非常好。你看，你已经知道如何帮助别人了。现在试着用同样的方式对待自己。

（李明点头，似乎有所感悟。）

王老师（继续指导）：接下来，我建议你尝试一些放松技巧，比如深呼吸或冥想，帮助你管理这种焦虑感。

（李明认真听着，不时点头。）

王老师（总结的语气）：记住，李明，失败不是终点，而是另一个开始。每一次尝试都是向前迈进的一步。

（李明露出一个更加坚定的微笑，看起来心情好转不少。）

【场景三】：角色扮演

（学校的空教室里，几把椅子围成一个小圈。李明和张华站在中间，准备开始角色扮演活动。教室的气氛既严肃又让人期待。）

张华（兴奋的语气）：好的，李明，我们来试试角色扮演。我先来扮演你，你来扮演你的父母或者老师，怎么样？

李明（点头，显得有些紧张但愿意尝试）：好的，我准备好了。

（张华清了清嗓子，模仿李明的声音和姿态。）

张华（扮演李明）：爸爸、妈妈，我又没考好。我真的很努力了，但还是失败了。

（李明深吸一口气，尝试扮演父母的角色。）

李明（扮演父母，语气温和）：孩子，我们知道你很努力。失败并不可怕，重要的是你能从中学到什么。我们始终支持你。

（张华点头，接着换回正常声音。）

张华：看，这样的对话让人感觉很舒服吧？现在换你试试。

（李明吸了一口气，准备扮演自己。）

李明（扮演自己，语气略显犹豫）：我……我总是让你们失望。我不知道我还能不能做得更好。

张华（扮演父母，语气坚定）：我们从来没有觉得你让我们失望。每个人都有成长的过程。我们相信你，只要你不放弃，总会有进步的。

（两人相视一笑，李明显得更加放松和自信。）

张华（鼓励的语气）：看到没有？这样的对话可以帮助你理解，失败并不是世界末日。我们可以从中学习和成长。

李明（感慨地）：是啊，我以前太担心失败了，以至于忘记了失败也是成长的一部分。谢谢你，张华。我觉得好多了。

【场景四】：家庭对话

（晚饭后的家中客厅，气氛温馨而安静。李明的父母坐在沙发上，电视机轻声播放着晚间新闻。李明鼓起勇气，走向他们，神情显得有些紧张但决心已定。）

李明（吞吞吐吐地开始）：爸、妈，我有些事想和你们谈谈。关于我的学习……和最近的考试。

父亲（放下手中的报纸，关注地看向李明）：当然，孩子。有什么事尽管说。

母亲（也转向李明，表情温和）：是的，李明，不管什么事我们都会支持你的。

（李明吸了一口气，鼓起勇气继续说。）

李明：我知道你们对我的期望很高，我也一直想达到最好的成绩。但是最近几次考试我都没能做好，这让我感到非常焦虑和沮丧。

父亲（表情变得柔和）：孩子，我们的确希望你能做得好，但我们更在乎的是你的幸福和健康。成绩固然重要，但不是一切。

母亲（握住李明的手）：是的，亲爱的。我们爱你不是因为你的分数，而是因为你是我们的孩子。我们只希望你能尽力而为，快乐成长。

李明（眼眶微红，感动地）：谢谢你们的理解和支持。我会更加努力的，同时也会学会更好地处理压力和失败。

父亲（鼓励地点头）：这就对了。记住，无论成功还是失败，我们永远都在这里支持你。

母亲（微笑）：对，我们是一家人，共同面对任何困难。

（李明感到一种前所未有的释然和力量。他知道无论未来的路有多难走，家人的爱和支持将是他最坚强的后盾。）

【场景五】：重拾信心

（教室内，阳光透过窗户洒在桌面上。学生们各自忙碌着复习或讨论即将到来的考试。李明坐在自己的座位上，面前摊开的是各科的复习资料和笔记本。他的表情比之前更加镇定和自信。）

（李明认真地翻阅着书本，偶尔做些笔记。他的表情专注而平静。）

同学甲（走过来，好奇地问）：李明，你看起来很冷静啊，这次考试你不紧张吗？

李明（抬头微笑）：其实还是会有一点紧张，但我学会了如何管理这种感觉。我现在更注重过程而不是结果了。

同学乙（也加入讨论）：真的吗？你是怎么做到的？我最近也感觉很焦虑。

李明（热情地分享）：我和朋友们进行了一些角色扮演练习，还从心理老师那里学到了一些放松技巧。我发现接受失败是成长的一部分真的很有帮助。

（同学们听得津津有味，很受启发。）

同学甲（感兴趣地）：听起来很有用啊！你能教教我们吗？

李明（高兴地）：当然可以。其实关键是要正视自己的感受，然后找到合适的方法去应对它们。我们可以一起练习。

（李明和同学们开始讨论具体的放松技巧和学习方法。）

（镜头缓缓拉远，留下李明和同学们围坐在一起的场景，他们的谈话声渐趋模糊。）

【剧终】

第六章
校园心理情景剧排演过程的心理疗愈

校园心理情景剧可以通过戏剧表演来探讨和解决学生心理问题。在排演过程中，参与者可以通过角色扮演、情感表达和群体互动等方式实现心理疗愈。

第一节　角色认同与自我探索

学生们通过扮演不同的角色，可以安全地探索和体验那些在日常生活中可能难以面对的情感和行为。角色扮演有助于学生更好地理解自己和他人，增进自我认识和同理心。校园心理情景剧是一种通过模拟真实生活情境，让扮演者在剧中扮演不同角色的表演形式。这种活动不仅能够丰富学生的课余生活，还有助于他们进行角色认同和自我探索。扮演者进行角色认同和自我探索可以通过以下几个方面实现。

一、角色扮演与同理心培养

在情景剧中扮演不同的角色，学生需要设身处地地理解和感受角色的情绪和动机，这有助于培养学生的同理心。通过体验不同的人生角色，学生能更好地理解他人的感受和行为，从而促进角色认同。

二、自我反思与认知扩展

参与校园心理情景剧排演的学生在扮演过程中会不自觉地进行自我反思，思考自己与角色之间的相似之处和差异。这种比较可以使学生对自己的性格、价值观和行为模式有更深入的认识，进而拓展自我认知。

三、情绪表达与管理

校园心理情景剧为学生提供了一个安全的环境，让他们可以自由地表达平时不易表露的情绪。通过角色扮演，学生可以学习如何管理和调节自己的情绪反应，这对情绪智力的发展至关重要。

四、解决问题能力与决策能力

校园心理情景剧中常常包含冲突和问题解决的情节，扮演者需要思考如何应对这些问题并作出决策。这个过程有助于学生提高自身解决问题的能力，使其在现实生活中遇到类似情况时能够更加从容应对。

五、社交技能的提升

校园心理情景剧通常需要团队合作，扮演者之间需要相互协作和支持。这种互动有助于提升学生的沟通技巧、团队协作能力和领导能力。

六、身份探索与自我肯定

通过扮演不同的角色，学生可以在不受现实限制的情况下探索自己可能的身份和潜能。这种探索有助于学生建立自信，对自己的多样性和潜力有更积极的认识。

七、创造力与想象力的激发

创作和参与校园心理情景剧排演需要大量的创造力和想象力。学生在构思剧情、设计角色和表演过程中，能够锻炼自己的创新思维和艺术表达能力。

总之，校园心理情景剧是一个多功能的教育工具，它不仅能够为枯燥的校园生活提供娱乐和乐趣，还能够促进学生的个人成长和发展。通过角色扮演和自我探索，学生能够在安全的环境中学习和实践，从而更好地了解自己和他人。

第二节　情感表达与释放

校园心理情景剧的排演过程中，学生们有机会表达平时可能被压抑或忽视的情感，如愤怒、悲伤、恐惧等。通过戏剧化的方式表达情感，可以帮助学生释放内心的压力，减轻情绪负担。

校园心理情景剧通常涉及编写剧本、排练和演出，旨在帮助学生更好地理解自己和他人的情感，学会有效表达和处理这些情感。学生可以通过以下几个方面获得情感表达与释放。

一、剧本创作

在创作剧本的过程中，学生可以将自己的情感体验和周围人的故事融入剧情中。这个过程鼓励学生深入探索自己的内心世界，以及学习如何将个人经历转化为艺术表达。

二、角色扮演

在排演过程中，学生扮演不同的角色，这要求他们设身处地为角色考虑，理解和表达角色的情感状态。这种角色扮演有助于学生更好地理解他人的感受，同时也是一种情感释放的方式。

三、情感共鸣

观看同伴在舞台上表演时，观众学生可能会在剧中角色的经历中找到与自己产生情感共鸣的地方。这种共鸣可以帮助学生认识到自己并不孤单，其他人也可能有类似的感受和经历。

四、反馈和讨论

排练和演出后的反馈和讨论环节是情感表达和释放的重要部分，学生可以在安全的环境中分享自己的感受，听取他人的观点，从而获得支持和理解。

五、情绪宣泄

通过表演，学生可以将平时难以表达的情绪通过角色和剧情宣泄出来。这种宣泄有助于减轻心理压力，促进情绪健康。

六、社交技能的提升

参与校园心理情景剧的排练和演出还能帮助学生提升社交技能，学会如何在现实生活中更有效地沟通和表达情感。

七、自我认识的深化

通过参与校园心理情景剧，学生可以更深入地了解自己的情感反应和行为模式，从而促进自我成长和情感智力的发展。

八、创造力和想象力的培养

创作剧本和角色扮演都需要大量的创造力和想象力。这些过程不仅能够提供情感释放的渠道，还能激发学生的创造性思维。

总之，校园心理情景剧的排练和演出过程是一个多维度的情感教育和心理健康促进活动，它通过艺术的形式帮助学生探索、表达和释放情感，同时提升他们的社交能力和自我认识。

第三节　社交技能的提升

在合作排练的过程中，学生需要与他人沟通、协作，这有助于提升他们的社交技能和团队协作能力。通过角色互动，学生可以学习如何更有效地解决冲突和建立积极的人际关系。

校园心理情景剧在排练和演出过程中，学生可以通过多种方式提升自己的社交技能。

一、团队合作

校园心理情景剧的排练需要学生们共同合作，这要求他们学会倾听他人意见、尊重不同的观点，并共同作出决策。这种团队工作的经验有助于学生在未来的社交场合中更好地与他人协作。

二、沟通技巧

在排练过程中，学生需要频繁地交流想法和感受，这有助于他们练习和提高口头表达能力。同时，他们也需要学会进行非言语沟通，比如通过肢体语言和面部表情来表达角色的情感。

三、角色扮演

通过扮演不同的角色，学生可以更好地理解他人的感受和动机，这有助于培养同理心和社交洞察力。在扮演角色时，学生必须考虑如何与他人互动，这可以提高他们的社交意识。

四、自信建立

参与校园心理情景剧的演出可以帮助学生建立自信，因为他们需要在观众面前表演。随着自信心的增强，学生在社交场合中会更加自如和放松。

五、冲突解决

校园心理情景剧中常常包含冲突情节，学生在排练过程中需要找到解决冲突的方法。这种经验可以教会他们在现实生活中如何处理人际冲突。

六、情绪管理

在表演过程中，学生需要表达和管理各种情绪。这种情绪管理的技能对于日常生活中的社交互动至关重要。

七、适应性和灵活性

排练和演出过程中可能会出现意外情况，学生需要学会适应变化并灵活调整自己的行为。这种适应性和灵活性在社交场合中同样重要。

八、反馈接受

导演和同伴会给予表演者反馈，学习接受和利用这些反馈来改进自己的表现是提升社交技能的重要一环。

通过这些过程，校园心理情景剧不仅能够帮助学生提升社交技能，还能够促进他们的个人成长和情感发展。

第四节　问题解决能力与决策能力

校园心理情景剧往往围绕特定的心理问题展开，学生们需要在剧中找到解决问题的方法。这种模拟经历可以增强学生的决策能力和问题解决能力。提升学生的问题解决能力与决策能力具体表现为：

一、角色分配与研究

在分配角色之前，让学生研究他们所要扮演的角色，理解角色的背景、动机、情感和可能存在的心理问题。这个过程鼓励学生深入思考人物的性格特点和行为模式，以及这些因素如何影响角色的决策过程。

二、情境分析

在排练中，导演或老师可以引导学生分析剧本中的情境，讨论角色可能进行的选择和这些选择的后果。通过这种分析，学生可以学习如何在复杂情境中评估不同的解决方案。

三、即兴练习

通过即兴表演练习，学生可以在没有预设剧本的情况下探索角色的反应和决策。这种练习可以促进学生的适应性和创造性思维的发展，同时锻炼他们在压力下作出决策的能力。

四、角色扮演

在排练过程中，鼓励学生深入角色扮演，体验不同的视角和不同的心理状态。这有助于学生理解他人的感受和动机，从而在解决问题时能够更加全面地考虑各种因素。

五、反馈与讨论

在每次排练后，组织反馈和讨论环节，让学生分享他们的体验和学习点。通过讨论，学生可以学习如何从错误中吸取教训，并改进他们的决策过程。

六、决策模拟

在剧中设置特定的情节，要求学生角色作出重要决策。在排练中，可以模拟不同的决策结果，让学生看到他们作出的选择的直接后果。

七、多角度思考

鼓励学生从不同角色的视角出发，考虑解决问题的不同途径。这有助于培养学生的同理心和系统思考能力。

八、实际问题融入

将学生现实生活中遇到的问题融入到剧情中，让学生在解决剧中问题的同时，也能够对现实生活中的问题有所思考。

九、领导力与团队合作

在排练和演出过程中，学生将承担不同的任务和责任，如道具准备、舞台设计、灯光控制等，这样可以锻炼学生的领导力和团队合作能力。

十、反思与总结

在演出结束后，组织一次反思和总结会议，让学生分享他们在排练和演出过程中的决策经历，以及他们如何解决问题和应对挑战。

通过这些策略，校园心理情景剧不仅能够提供一个展示才华的平台，还能够成为一个有效的教育工具，帮助学生在安全的环境中练习和提升他们的问题解决能力与决策能力。

第五节 正向反馈与支持

校园心理情景剧是一种通过戏剧形式来探讨和表达心理健康议题的活动。在排练和演出过程中，导演和同伴的反馈可以帮助学生认识到自己的长处和需要改进的地方。这种正面的支持和鼓励可以增强学生的自信心和自我价值感。它为学生提供了一个独特的平台，帮助他们获得正向反馈与支持，从而促进个人成长和心理健康。

一、增强自我认知

在排练过程中，学生需要深入理解角色的心理状态和情感变化，这有助于他们更好地认识自己。通过角色扮演，学生可以安全地探索和表达自己的感受，从而增强自我认知。

二、提升沟通技巧

在团队合作中，学生需要与他人有效沟通，共同完成剧本的创作和表演。这种互动有助于提升其沟通技巧，让他们学会倾听他人的观点，并有效地表达自己的想法。

三、培养同理心

通过扮演不同角色，学生能够站在他人的角度思考问题，理解他人的感受和需求。这种经历有助于培养学生的同理心，让他们更加关心他人，建立积极的人际关系。

四、减轻心理压力

在排练和演出过程中，学生可以将注意力从日常的压力中转移出来，投入到戏剧的创作和表演中。这种全身心的投入有助于减轻心理压力，提高情绪管理能力。

五、获得正向反馈

在排练和演出过程中，学生可以从老师和同伴那里获得关于演技、角色理解和情感表达等方面的正向反馈。这些反馈有助于学生认识到自己的优点和不足，从而不断进步。

六、增强自信心

通过参与校园心理情景剧的排练和演出，学生可以在舞台上展示自己的才华和努力成果。这种成功的体验有助于增强学生的自信心，让他们更加勇敢地面对生活中的挑战。

七、提供心理支持

在排练和演出过程中，学生可以与其他参与者分享自己的感受和经历，寻求支持和建议。这种互助的氛围有助于学生在面对心理困扰时获得及时的帮助和支持。

总之，校园心理情景剧在排练和演出过程中，通过多种途径帮助学生获得正向反馈与支持，促进他们的心理健康和个人成长。

第六节　创造性思维的激发

创作剧本、设计场景和完善角色都需要创造性思维。这一过程可以激发学生的想象力和创新能力，同时也是一种心理上的放松和享受。激发学生创造性思维的策略主要有：

一、角色探索与创造

鼓励学生深入理解他们所扮演的角色，应重点关注的不仅是台词和动作，而且是角色的内心世界和动机。让学生自由地探索和创造角色的背景故事，可以增加他们对角色的理解和投入，同时也锻炼他们的想象力和创造力。

二、即兴表演

在排练过程中引入即兴表演的环节，让学生在没有剧本的情况下自由发挥，这能够激发他们的创造力和应变能力。即兴表演可以帮助学生学会如何在不可预见的情况下思考和行动，这对于培养创造性思维至关重要。

三、创意工作坊

举办创意工作坊，邀请戏剧老师或专业人士教授学生如何通过肢体语言、表情和声音来表达情感和思想。这样的工作坊可以激发学生的创意思维，并帮助他们更好地理解如何将创意融入表演中。

四、分组合作

将学生分成小组，让他们共同创作短剧或情景，这样不仅可以促进团队合作，还可以让学生在交流和协作中激发出新的创意。每个小组成员都可以提出自己的想法，共同讨论和完善剧本。

五、问题解决

在排练过程中故意设置一些挑战或问题，比如道具不足、场景需要调整等，让学生自己想办法解决。这种问题解决的过程可以激发学生的创造性思维，教会他们在限制条件下寻找创新的解决方案。

六、反馈与改进

在排练的不同阶段，组织学生观看彼此的表演并提供建设性的反馈。这种互动不仅能够帮助学生从不同角度审视自己的表演，还能够鼓励他们根据反馈进行创新和改进。

七、跨学科融合

鼓励学生将其他学科的知识融入到情景剧中，比如历史、文学、科学等，这样可以帮助他们建立跨学科的联系，激发更广泛的创造性思维。

八、角色扮演

让学生尝试不同的角色扮演，甚至是与自己性格相反的角色，这样可以帮助他们跳出自己的舒适区，开拓思维，体验不同的人生视角。

通过这些方法，校园心理情景剧能够有效地激发和培养他们的创造性思维。

第七节　情绪调节与应对策略

在排练中，学生可能会遇到挑战和压力，这要求他们学会如何管理自己的情绪和应对困难。通过这些经历，学生可以发展出更有效的情绪调节和应对策略。帮助学生进行情绪调试和学习应对问题的策略的表现为：

一、角色扮演与同理心培养

通过扮演不同的角色，学生可以更好地理解他人的感受和处境，从而培养同理心。这种体验有助于他们在现实生活中更加体贴和理解他人。

二、情感表达与释放

校园心理情景剧中的对话和情节往往涉及强烈的情感表达。学生可以在安全的环境下表达自己的感受，如愤怒、悲伤或喜悦，这有助于他们学会如何健康地表达和释放情绪。

三、问题解决与决策训练

在排练过程中，学生需要面对剧本中设置的冲突和问题，并找到解决这些问题的方法。这种训练有助于他们在现实生活中更好地应对挑战和作出决策。

四、团队合作与社交技能

校园心理情景剧的制作是一个团队合作的过程，学生需要学会与他人沟通、协作和相互支持。这些社交技能对于他们的情绪管理和人际关系处理都是非常重要的。

五、自我认知与成长

通过参与校园心理情景剧，学生可以更深入地了解自己的性格、情感反应和行为模式。这种自我认知是个人成长和情绪调整的基础。

六、压力管理与放松技巧

排练和表演可能会带来压力，但同时也是学习如何在压力下保持冷静和集中精神的好机会。学生可以通过学习呼吸练习、放松技巧和时间管理等方法来应对压力。

七、反馈与自我反思

导演、老师和同伴的反馈可以帮助学生正确认识自己的表现和情绪处理方式，促进自我反思和改进。

八、创造性思维与解决问题

创作剧本和设计舞台动作需要创造性思维。这种思维方式可以帮助学生在面对现实生活中存在的问题时，能够从不同角度思考并找到创新的解决方案。

为了确保情景剧活动能够有效地帮助学生进行情绪调节和学习应对问题的策略，教师和指导者应该提供适当的引导和支持，确保活动组织有序，并为学生提供一个安全的支持性的环境。此外，活动结束后的讨论和反思环节也非常重要，它可以帮助学生整合所学到的技能，并将其应用到日常生活中。

第八节　正念与当下意识

校园心理情景剧的排练和演出要求学生专注于当下的角色和情境，这有助于培养正念和当下意识。这种专注可以减少对过去或未来的焦虑，促进心理健康。帮助学生获得正念与当下意识的具体表现为：

一、增强自我觉察

(1)角色理解：在创作剧本的过程中，学生需要深入理解其扮演的角色，这要求他们认真审视角色的心理状态和情感反应。

(2)情感体验：通过模拟不同的情绪和反应，学生学会观察和识别自己和他人的情感变化。

二、培养同理心

(1)换位思考：扮演不同角色时，学生需要站在他人的角度思考问题，这有助于培养同理心和增强理解他人感受的能力。

(2)情感共鸣：在剧中体验角色的遭遇，使学生能够更好地感受到他人的情绪，从而促进情感共鸣。

三、学习应对策略

(1)情境模拟：校园心理情景剧提供了一种安全的环境，让学生可以尝试不同的应对策略，以解决剧中角色面临的问题。

(2)反思修正：排练过程中的反复演练和导演的指导，帮助学生反思并修正他们的应对方式。

四、集中注意力

(1)剧本记忆：记住台词和动作要求学生集中精力，这有助于培养他们的专注力。

(2)场景切换：在排练和表演中，学生需要快速适应场景的切换，保持对当前情境的关注。

五、接受不完美

(1)错误纠正：在排练过程中，学生会犯错并得到纠正的机会，这教会他们接受不完美，并从中学习。

(2)即兴应变：演出中的不确定性和可能出现的错误要求学生学会即兴应变，接受并适应当下的情况。

六、减压放松

(1)情绪释放：表演为学生提供了一种情绪释放的渠道，有助于减轻压力和焦虑。

(2)享受过程：参与创作和表演的乐趣，让学生享受排练和表演的过程，培养正念中的享受当下意识。

七、团队合作

(1)共同目标：为了完成一部成功的剧目，学生需要共同努力，这促进了团队协作和集体意识的提升。

(2)互相支持：在合作中学生学会相互支持和鼓励，增强了团队中的正念意识和凝聚力。

八、自我表达

(1)创意发挥：校园心理情景剧鼓励学生发挥创意，通过角色扮演来表达自己的想法和感受。

(2)自信心建立：在舞台上的表达和演出成功会增强学生的自信心，促使他们更加专注于当下的表现。

通过这些过程，不仅能够帮助学生在排练和演出中获得正念与享受当下意识，还能够提升他们的心理健康水平，促进个人成长和发展。

总的来说，校园心理情景剧排练过程中的心理疗愈效果是多方面的，它不仅帮助学生在情感上得到释放和成长，还能提升他们的社交技能、创造力和问题解决能力。通过这一过程，学生可以在一个支持性的环境中学习和实践心理健康的策略，从而促进整体的心理福祉。

第七章

校园心理情景剧剧本的撰写指导

第一节　校园心理情景剧原创剧本的写作要点

校园心理情景剧以其独特的艺术魅力在学生心理健康教育中发挥良好的教育作用和效果，获得大中小学生的广泛喜爱。一部成功的校园心理情景剧是从一个好的剧本开始的。校园心理情景剧不同于一般的舞台剧，也不同于心理治疗用途的心理剧，剧本写作有其独特性。本章将从主题设置、文体形式与内容、技术的应用三个方面，分析校园心理情景剧原创剧本的写作要点。

一、主题设置

主题的设置方面，校园心理情景剧要紧扣学生关心并与其息息相关的话题。研究显示，中学生校园心理情景剧体现的主题主要包括"学业和将来出路的迷茫和求索"(20%)、"校园或寝室人际关系矛盾的产生和化解"(50%)、"对网络依赖的自责和烦恼"(8%)等。另外，有研究显示，中学生的主要心理问题包括：适应障碍、学业焦虑、人际交往障碍、挫折心理、自卑、抑郁、情感冷漠。根据教育部关于印发《中小学心理健康教育指导纲要(2012年修订)》的通知与中学生实际需求，校园心理情景剧的主题设置应关注认识自我、情绪管理、人际交往、爱情的烦恼、挫折的应对等。

“认识自我”主要体现中学生在探索自我过程中的迷惑与困难。通过观看校园心理情景剧表演，学生从他人评价获得的自我转变为自己评价的自我，在转变过程中既看到自己的不足，还看到自己的优势，逐渐提高自尊、自信。

“情绪管理”要突出情绪管理的方法、应用及其结果，让学生在模拟的心理情境中延迟发怒，平静心绪、释放情绪。

“人际交往”不仅表露人际交往矛盾，更要侧重沟通的技巧。剧情要贴近学生的日常生活，如宿舍矛盾、师生矛盾、学生工作中的矛盾等。表现在这些矛盾出现的时候，中学生怎样与对方沟通，达成一致。

有关“爱情的烦恼”，很多写作者包括心理教师往往侧重于传输所谓正确的爱情观，忽视教育学生怎样恋爱、怎样解决恋人之间的矛盾、怎样维护好美好爱情，剧本应多体现这方面的内容。

“挫折的应对”要使合理情绪疗法的理论得到体现，主人公认知角度转变的过程是剧情重点，可以让学生在反复的情境练习中实现心理素质的提升。

二、文体形式与内容

校园心理情景剧剧本的编写有其独特的写作格式。剧本格式包括剧本标题（大写并加下画线）、作者、剧本概要。正文包括：时间、地点、人物，对话中要有适当的提示语。一个人说的话占用一段，第二个人说话要另起一行，对话前面要有人名，场景、时间、地点说明要用黑体，时间地点居左。场景中如果出现音效则要用黑体标出。第一次出现的人物名字要用黑体并居中。人物的对话要居中，两边留空。在写作过程中需要注意的情况有：

1. 不要把校园心理情景剧剧本写成叙事剧本

心理情景剧是一种非专业性的群众性话剧或小品类剧种，它需要剧本的创作和排练过程，是以小品或话剧的形式呈现具有典型意义和代表性的心理现象或心理问题。心理现象、心理问题是心理情景剧的剧情重点，心理变化重于情节变化。用心理问题或心理现象作为矛盾焦点推动剧情发展。

2. 角色的设定有其独特性

心理剧的主要角色有两个，一是心理剧治疗师，二是个案处理的主角，两者缺一不可。治疗师对个案问题进行判断，选择一些心理剧治疗技术，现场进行心理治疗。校园心理情景剧的角色分配没有心理剧治疗师的位置，它的角色安排与一般话剧、小品没有本质区别。但是为了凸显校园心理情景剧的特色和剧情需要，可以加入多重自我的角色。

3. 校园心理情景剧的演出环节与心理剧存在巨大差异

心理剧表演包括热身、主角的产生、演出、分享与审视四个部分。通常是在团体热身时，由导演(心理咨询师)观察团体中谁最有表达需求，临场决定谁做主角。而校园心理情景剧的主角是既定的，根据自愿和能力表现决定谁是主角。热身是心理剧中用来给演员做准备的，让他们有时间熟悉剧情、团员与舞台布局，而校园心理情景剧很多情况下中没有热身这一环节。课堂演出时，教师进行导言，可以代替热身的作用。演出是演员将剧本进行具体展示的过程。相对而言，心理剧更多是表达，而校园心理情景剧更多是剧情表演、心情分享与内心审视。演出完毕，演员与观众一起交流、分享、反省。大型校园心理情景剧演出中通常没有分享与审视内容，而在课堂上表演的短小校园心理情景剧中，这部分是重要内容。心理剧的结局是主角的心理改变，演出之前结果是未知的，而校园心理情景剧要发挥其教育功能，结尾往往是既定的。心理剧边讨论边演出，演出可以随时停止，而校园心理情景剧为了保证演出效果往往不停顿，但作为课堂案例时，可以边演边讨论，甚至让观众决定结尾。

三、技术的应用

校园心理情景剧虽然不同于作为心理治疗方法的心理剧。但是心理剧的一些技术可以应用到校园心理情景剧中。心理剧技术有多种形式，适合校园心理情景剧的技术有：独白技术、多重角色的自我、角色互换技术、镜像技术、替身技术、未来投射技术、空椅技术、雕塑技术等。常用的技术有以下三种：

1. 多重角色的自我(multiple parts of self)

也称多重替身。当主角的感受有多重矛盾时，多重替身技术可以有效地运用于其中。多重替身的参与可以展现主角的多面性，自由灵活地表现主角的内心状态。多重角色自我技术可以突破舞台的限制，自由地展现主角心灵。此技术在中国传统戏剧《七品芝麻官》里出现过——两个袖珍人代表主人公唐成矛盾心理的两个方面。因为是舞台剧，校园心理情景剧通常用几个配角演绎矛盾心理。

2. 独白(soliloquy)

独白技术是指主角直接面对观众说话，大胆表达一些自己未觉察或不敢表达的感受和思想。在校园心理情景剧表演中，主角会被要求表达当时感受。独白给主角机会获得自己或他人正在思考和体验而未直接表达的感受，让主角能正视自己的问题，剖析自己的心灵，让压抑的潜意识得以释放，使观众更加理解主角的困境。这种方式可以突破舞台剧表现的心理局限，主角的复杂心理得到直接表达。

3. 未来投射(future projection)

困局解决后未来将是怎样的？未来投射技术可以帮助主角表达、解释自己对将来的愿景，包括希望和祈祷(生活的方向)，也可以是对未来的恐惧。校园心理情景剧不但可以再现真实情况，还可以表现未发生的情况，不但可以预演希望发生的美好未来，也可以排练不希望发生的可怕的未来。预演希望发生的美好未来可以使人对未来产生憧憬和希望，使人生有了努力目标；排练不希望发生的未来，可以“消耗”它的能量，使它不可能发生，还可以使主角明白怎样防止它发生。以上技术在校园心理情景剧中的应用，不但有利于剧情的推进与表达，而且让校园心理情景剧区别于一般的舞台剧，更能体现其心理健康教育的特色。

第二节　开发精品心理情景剧的对策

心理情景剧是在学校开展心理健康教育的良好形式，在互联网时代，以视频的形式反映常见心理障碍、心理现象将是心理健康知识传播的重要途径。因此，除了作为校园文化建设的内容之外，心理情景剧也应该走出校园，向社会进行传播。而要真正使得心理情景剧具有传播的价值，则需要开发精品的心理情景剧，具体要做好以下几个方面工作。

一、强化剧本中的心理学理论背景

既然是心理情景剧，一定要展现心理现象、心理规律等心理学因素，而要突出心理学因素，关键是要在剧本创作及排练过程中有心理学理论的支撑，如精神分析、人本主义、行为主义的理论，或者一种整合性的理论背景。要创作出具有理论背景的心理情景剧，除了需要那些具有创作才华的学生之外，更需要有专业心理教师的指导和参与。因此，心理情景剧不应仅仅成为学生自编自导的活动，而应列入学校心理健康教师的工作职责范围，强化专业心理教师在其中的作用，创作出具有心理学深度的心理情景剧。

二、拓宽心理情景剧的创作题材

心理情景剧的创作题材，不应只强调要贴近学生生活，它可以演绎生活中的各种心理现象，素材可来源于现实生活中的典型现象，或者是心理咨询中的案例记录，或者是一些经典心理电影中的故事情节等。如果能将心理障碍者的症状表现、成长经历、心理冲突、解决出路等通过情景剧的形式搬上舞台，将是对以往书籍、讲座、课程等方式的有益突破。另外，也可将一些深度心理现象，如潜意识、移情、俄狄浦斯情结等通过情景剧进行演绎，也会大大增强剧本的心理学气氛。一些心理电影，如《爱德华大夫》《当尼采哭泣》《异度空间》《神探》等，已经开始了这样的尝试，将心理障碍者、深度心理现象等搬上了银幕。

三、提高剧本的创作水平

一个好剧本，需要有贴近生活的题材与视角、丰满的角色塑造、合适的造型与台词、生动的故事情节、强烈的冲突与完整的结构等，但以往的心理情景剧主要以学生自编自导为主，编剧工作缺乏专业性，因此，应加强对剧本创作人员的编剧知识培训，以便增强剧本的吸引力。

(1)心理情景剧时间有限(一般为20分钟左右)，从事表演的人又往往是非专业演员，难以实现电影中细腻的人物刻画、跌宕起伏的情节设计、恰到好处的人物个性把握等，因此，应该从增强人物之间的冲突、内心冲突、情感张力等方面来增强心理情景剧的吸引力。笔者指导的《爱，在成长的日子里》中的主人公舒畅，是个从小父母不在身边，由爷爷抚养长大好孩子，成年后的她对父母有强烈的愤怒情绪，她在一次与父母的冲突中，将多年来对父母的愤怒情感夸张地“吼”出来时，台下的观众受到了强烈的震撼。

(2)在心理情景剧的创作中，可充分利用梦的作用。实践发现，在情景剧中梦的使用会增强剧本的心理学气氛。

(3)应将心理剧中实用的技术，如设景技术、角色互换技术、替身技术、镜像技术、未来投射技术、独白技术、空椅技术、雕塑技术等根据剧情添加进来，以增强剧本的现场感染力。

(4)要注意寓教于乐。有些心理情景剧是娱乐性有余而教育性不足，这样的情景剧难以起到心理健康教育的作用，另一些心理情景剧虽题材合理但缺乏幽默的成分，从而显得枯燥乏味。以幽默的方式展现严肃的主题，往往更有震撼力，在心理情景剧的创作中应学习使用这种手法，努力做到寓教于乐，增强其观赏性。

第三节　结合目标的心理情景剧剧本的创作

心理情景剧在创作和设计剧本时，如何有效地结合目标与剧本内容不仅是一个挑战，也是一个创造性的过程。下面将详细探讨如何结合目标进行心理情景剧剧本的创作和设计。

一、确定剧本主题和目标

(1)识别核心问题。确定剧本解决的是哪个具体心理问题或者展示哪种心理发展过程。比如，它可能旨在解决大学生常见的社交焦虑问题，或者展示人际关系中的压力管理。确保主题具有时代相关性和现实意义，能引起目标观众的共鸣。

(2)设定预期效果。明确你希望观众从剧中获得什么样的心理启示或行为改变。这可能包括对问题的深入理解、情绪的释放、行为的调整等。

二、人物设定与角色构建

(1)人物心理特征。每个角色都应具有鲜明的心理特征，这些特征要与剧情中展现的心理问题紧密相关。例如，如果剧情是关于克服挫折，主角可能是一个明显感到压力重重的学生。

(2)社会关系网。设置合理的人际关系网，通过角色之间的互动来展现心理问题的发展与解决。这种关系应体现现实生活中的人际影响，如同伴压力、家庭期望等。

三、剧本内容与结构设计

(1)事件的选择与编排。围绕主要人物的心理冲突选择和编排事件。这些事件应当能够合理地引出问题，同时推动故事情节的发展，并在剧中自然地达到高潮与解决。

(2)场景布置与转换。考虑到心理情景剧通常时间较短，场景变化要简洁而具有流畅性，以避免频繁的场次变化影响观众的沉浸感和剧情的连贯性。

四、运用心理学知识与技术

(1)心理学知识融入。利用心理学理论和技术来设计和解析剧中人物的行为和心理变化。例如，可以使用认知行为疗法的技巧来帮助角色(以及观众)理解和调整负面思维模式。

(2)情节与心理发展的配合。确保剧情中的冲突和解决方式能够合理反映心理问题的发展历程，使观众能看到问题的产生、发展和解决过程。

五、创意表现手法的运用

（1）象征与夸张。使用象征性的物品或行为来隐喻心理状态，如用阴影来象征主角内心的恐惧或焦虑。运用夸张手法来强化某些情绪或行为的展示，以加深观众的感受和理解。

（2）互动与即兴。设计一些互动环节，让观众在适当的时候参与到剧中，如进行决策选择或回答角色的直接提问。这种手法可以帮助观众更深入地体验和思考。

此外，在创作和设计过程中，还需要注意以下几个方面：

（1）避免使用过于复杂的心理学术语，以免使非专业观众感到困惑。

（2）考虑观众的接受度和心理舒适度，避免设计过于刺激或引发不适的情节。

（3）在剧本结束后，可以适当设置讨论或反馈环节，让观众表达自己的感受和思考，增强剧目的教育意义和影响力。

总的来说，结合目标进行心理情景剧剧本的创作和设计是一个复杂但极具创造性的过程。通过明确目标、精心设计人物与剧情、合理运用心理学知识和技术，以及采用有效的艺术表现手法，可以创作出既具教育意义又富有艺术感染力的校园心理情景剧。

第八章
参与校园心理情景剧的感悟

第一节 校园心理情景剧导演的心得

第一次当导演的心路历程

湛江市第二中学　高二(11)班　杨蕙

在得知即将参加心理剧汇演之时，已经仅有两周的时间给我们准备了。在晚修前，身为班长的我肩负导演之责，选定了心理剧演员，并公投选出了班中写作优秀的五名同学担任编剧组。于是，我们高一(11)班的戏精们开始摩拳擦掌，为心理剧而战斗。

以前看电视节目，认为在剧组中导演是最舒服的，只需躺在老爷椅上指点江山，并喝一口水，吹吹空调，而演员们又要背台词又要吊威亚，幕后人员则负责剪辑配音等多重操作，可在我当上了导演之后，才明白一句话，“梦想很美好，现实很骨感”。当编剧组将剧本交给我后，我的工作变进入了三点制。第一点，当演员不清楚角色的感情时，我要及时辅助他们，帮助他们理解与表演，第二点，当演员们在台词方面频繁出现忘词时，我要给予提醒并且画重点，第三点，若有演员无动作，太枯燥，或动作过多，我要与他们现场讨论什么动作才适合该角色。就这样，经过几天的排练，我切身实地地体会到了当导演的艰辛。

可是，就在排演渐入佳境，我以为麻烦结束之后，更大的问题来了，指导老师认为我们的剧本太过枯燥，人物的冲突与个性体现不到位，于是我与编剧组重新修改剧本，而此时大家的脑细胞都快耗尽了。演员们更是闷闷不乐，排了几天的戏又要重来，有些同学干脆拿起书本，“一心只读圣贤书”，还有一些本来斗志昂扬，却在发现团体气氛低落时也转身离开，只留我一人好心劝说，而这时候，大家都灰心丧气，失去兴趣了。好在班主任听闻此状况，愿意帮助我们，请大家去办公室谈谈对该剧的看法，以及对角色的领悟，在大家认真研读剧本并且倾听老师鼓励的午后时光，那些斗志又回来了，而我们的表演也更加精彩了。

我们的主题便是“一场心理剧”，将我们这周的奋斗历程都写进了剧本之中，刻在了周五的表演里。随着掌声响起，我也舒了一口气，这份工作结束得还不错。我发现，在与他们一起排练的日子里，我焦躁的性子也平和了许多，做事也没那么着急了，当我看到他们一起上台谢幕之时，内心不禁感慨道：我的 11 班，一定会越来越团结！

第二节　校园心理情景剧主角的心得

挑战与收获——心理情景剧当主角的心得

高二(11)班　邱文婷

作为心理剧的编剧，真心觉得这次活动对我来说是一场极大的挑战。过程中曾不止一次地心生出学习比这简单多了的感慨。

随着杨导振臂一呼，再加上几个有“小资情调”的人的加入，一个一开始连心理剧是什么都不知道的剧组就匆匆建立起来了。在建立起来的近一个月时间中，伴随着一声声“action”“cut”还有一阵阵笑场，一幕幕俄罗斯方块般错综复杂的场景，全程自编自导自演，对我们来说无疑是个巨大的工程。

我们从不知道何处起手到一遍一遍地对台词排练，整个过程凝聚了所有人的心血——是编剧们一遍一遍的改稿，是导演一次一次的喊停，是演员们的苦记台词。

我们拥有调皮与严肃、机灵与严谨共存的性格情态各不同的演员们。在海选出名单后，他们便每天中午牺牲睡觉的时间，一遍遍地排练，从最初的手忙脚乱，不知所措，到逐渐脱稿，可以连贯以至游刃有余地自由发挥。他们付出了辛劳，真心想把角色演好。

可是排演戏剧的过程就像戏剧本身那样少不了冲突，从选演员开始，我与导演就产生了分歧，在讨论到上小课时仍未有结果，便决定大家都回去冷静地思考下，结果第二天两个人又分别改为同意对方的意见了，令人啼笑皆非。在配乐问题上，两人说着说着声音就变大了，以至于同学们都认为我们在吵架。我比较注重主要的地方，而在细节上给演员自由发挥的空间，但导演则是个细腻的女孩，她力图将每一个细节都提前固定好，照顾到，所以在排练过程中也会有意见不同。但凡事有利有弊，有差异可能会有分歧，也有可能优势互补。排演过程中，我们一个唱红脸，一个唱白脸，恩威并施下，我惊喜地看见演员和我自身一同成长了。

短短 10 分钟的剧，凝聚着很多台前幕后人的心血。这其中自然有欢笑，有生气，有无奈，更是有收获，我要感谢一直关注和支持我们的全班同学，牺牲宝贵学习时间的演员们，费心费力的导演……在学科竞赛与学业考试的双重压力下，我们一样拥有我们的风采，我们也因心理剧而更团结，无论结果怎样，我想我们已经学到了很多。

第九章
校园心理情景剧角色创作及脱角色的措施

第一节　校园心理情景剧角色的重要性

校园心理情景剧是一种通过表演来探讨和传达心理健康议题的教育手段，它能够帮助学生更好地理解自己和他人的情感、行为和心理状态。在这种类型的剧目中，角色的设定与扮演至关重要，因为它们直接关系剧情的真实性、观众的共鸣以及教育目的的实现。以下是角色在校园心理情景剧中的重要性的体现：

(1)情感共鸣。通过角色，观众能够看到自己的影子，感受到角色的情绪，从而产生共鸣，这对于理解和接纳心理健康信息非常重要。

(2)教育价值。角色可以体现不同心理问题和应对策略，为观众提供学习和模仿的榜样。

(3)行为示范。角色的行为可以为观众展示如何应对特定的心理挑战，提供积极的心理干预方式。

(4)讨论媒介。围绕角色和剧情展开的讨论可以促进观众对心理健康议题的深入思考。

(5)文化敏感性。角色的多样性和深度可以帮助剧本展现不同文化和社会背景下的心理问题。

第二节　校园心理情景剧角色创作的策略

校园心理情景剧是一种通过表演来探讨和解决学生在校园生活中可能遇到的心理问题的戏剧形式。演员在扮演角色时，需要深入理解角色的心理状态、情感变化和行为动机，以更加真实地呈现角色的内心世界。

创造基于真实人物和事件的角色，能提高剧本的可信度和影响力。因此需要进行广泛地研究，了解目标群体可能遇到的心理问题及其背景。设计不同的角色以代表不同的年龄、性别、文化、社会阶层等，确保广泛的观点和经历得到展现。赋予角色复杂的情感和动机，避免单一标签化，让角色显得更立体。一般正面角色作为解决问题的模型，同时也有反面角色展示不当行为的可能后果，确保角色在剧情中有成长和变化，反映心理发展和学习的过程，让学生参与角色创造过程，增加他们的投入感和接受度。在处理敏感心理问题时，要特别注意角色的表述和剧情的处理，以避免产生误解和负面影响；邀请心理学专家或咨询师参与角色开发，确保其符合心理健康准则和教育目标。

演员进行角色创作的策略有：

(1)角色研究。演员需要对剧本进行深入分析，了解角色的背景、性格特点、心理状态和情绪在剧情中的发展变化。这不但包括对角色的年龄、性别、家庭背景、教育水平、兴趣爱好等基本信息的了解，还包括对角色在剧中的心理冲突和发展轨迹的把握。

(2)情感体验。演员可以尝试将自己置于角色所处的情境中，体验角色所经历的情感。例如，如果角色经历了失落或挫败，演员可以尝试回想自己生活中的类似经历，以此来激发相应的情感反应。

(3)身体语言和肢体动作。演员应该观察和模仿与角色心理状态相匹配的身体语言和肢体动作。例如，一个焦虑的角色可能会有颤抖的手势或不安的眼神，而一个自信的角色可能会有更多的开放姿态和坚定的步伐。

(4)语言表达。演员需要注意角色的语言风格和语调，这些都应当与角色的心理状态相符合。比如，一个内向害羞的角色说话可能是小声、犹豫的，而一个外向开朗的角色说话可能是大声、流畅的。

(5)互动演练。在排练过程中，演员之间的互动非常重要。通过与其他演员的即兴对话和场景演练，可以更好地理解和表达角色之间的关系和心理动态。

(6)导演指导。演员应当积极与导演沟通，获取对角色理解的反馈和指导。导演可以帮助演员更深入地挖掘角色的心理状态，调整表演的细节。

(7)持续观察和学习。演员可以通过观察现实生活中的人们，学习他们的行为模式和情感表达，并将其融入到角色的塑造中。

(8)心理准备。在正式表演前，演员需要进行心理准备，进入角色所需的情绪状态。冥想、呼吸练习或其他放松技巧可以帮助演员更好地进入角色。

通过上述方法，演员可以更加深入地理解和表现角色，使校园心理情景剧的表演更加真实和感人，从而达到教育和治疗的目的。

第三节　校园心理情景剧脱离角色的方法

在校园心理情景剧的排练和演出结束后，帮助中小学生脱离角色并回归正常生活是一个重要的步骤。这需要教师和心理辅导教师采取具有针对性的策略，以确保学生能够健康地从角色扮演中抽离出来。以下是一些具体的建议与方法：

一、进行角色分离仪式

在校园心理情景剧排练和演出结束后，演员们需要通过角色分离仪式进行角色脱离。在剧情结束后举行一个小型的“角色告别仪式”，让学生象征性地脱下剧中的道具或服装，表示放下所扮演的角色。这种仪式有助于学生意识到角色与真实自我的区别。建议采取以下步骤：

(1)分享体验。在角色分离仪式开始之前，让演员们分享他们在排练和演出过程中的体验，包括他们与角色之间的联系、情感投入以及在剧中的经历。这有助于演员们认识到自己与角色之间的关系，并为角色脱离做好准备。

(2)角色告别。让演员们分别站在舞台上，面对观众，以第一人称的方式向角色告别。他们可以表达对角色的感激、对自己在剧中的表现的评价，以及对角色未来的祝愿。这个过程可以帮助演员们将角色与自己分开，明确地认识到自己在现实生活中的身份。

(3)角色物品归还。如果演员们在剧中使用了特定的道具或服装，举办一个仪式让他们将这些物品归还给导演或其他工作人员。这个过程象征着演员们将角色留在舞台上，回到现实生活中。

(4)角色转换活动。为了让演员们更好地从角色中脱离出来，可以组织一些轻松的活动，如游戏、舞蹈或瑜伽等，帮助他们放松身心，将注意力从角色转移到现实生活中。

(5)团队分享。在角色分离仪式结束后，让演员们分享他们在剧中的成长和收获，以及如何将这些经验应用到现实生活中。这有助于演员们认识到自己在剧中的努力和成果，并鼓励他们继续在生活中让这些经验发挥积极作用。

(6)庆祝活动。为了表彰演员们在剧中的努力和付出，可以举办一个小型的庆祝活动，如聚餐、颁发证书或合影留念等。这有助于增强团队凝聚力，同时也为演员们提供一个愉快的结束。

通过以上步骤，演员们可以更好地进行角色脱离，将剧中的角色与现实生活中的自己分开，从而更好地投入到现实生活中。

二、开展团体分享会

在活动结束后组织一次团体分享会，让学生谈论扮演角色时的感受和体验，以及回到现实生活的感受。这有助于学生表达情感并获得同伴支持，从而更好地回归现实。在排练和演出结束后，团体分享会是帮助参与者脱离角色、回归现实生活的重要环节。以下是一些步骤和方法，可以帮助参与者在团体分享会中脱离角色：

(1)引导性谈话。分享会开始时，指导者或心理辅导员可以引导大家谈论自己在剧中的角色和经历，鼓励大家表达自己的感受和思考。这有助于参与者从角色中抽离出来，回到自己的真实身份。

(2)反思与讨论。鼓励参与者分享他们在扮演角色时的感受，以及他们对角色的理解如何影响了他们对现实生活中相似情境的看法。这种反思有助于区分角色与个人的真实情感和态度。

(3)情绪释放。角色扮演可能会激发强烈的情绪反应。团体分享会提供了一个安全的环境，让参与者表达和释放这些情绪，从而减少角色对个人情感的影响。

(4)角色解构。指导者可以帮助参与者分析角色的构成元素，如性格特点、动机、冲突等，这样可以帮助参与者理解角色是如何构建的，以及他们是如何被设计来传达特定信息的。

(5)个人故事分享。鼓励参与者分享自己的个人故事和经历，特别是那些与剧中情节相似的故事。这有助于他们将角色的经历与自己的生活经历区分开来。

(6)支持与肯定。团体中的其他成员可以提供支持和肯定，帮助参与者认识到他们不是剧中的那个角色，而是有着更广泛身份和特质的个体。

(7)放松和冥想。通过放松练习或冥想来帮助参与者放松身心，减少角色带来的紧张感，促进实现内心平静和自我认知。

(8)创造性表达。通过绘画、写作或其他艺术形式，让参与者创造性地表达他们的感受和想法，这有助于他们从角色中脱离出来，找到个人的声音和表达方式。

(9)目标设定。鼓励参与者设定个人目标和计划，这有助于他们将注意力从角色扮演转移到现实生活中的个人发展上。

(10)闭幕仪式。进行一个简单的闭幕仪式，象征性地表示角色扮演的结束和团体分享会的完成，这有助于参与者在心理上画上句号，翻开新的生活篇章。

通过这些方法，团体分享会可以帮助参与者逐渐脱离在校园心理情景剧中扮演的角色，重新找回个人的身份和平衡。

三、引导正向思考

通过引导学生反思从剧中学到的积极信息和经验，帮助他们将注意力从角色转移到现实生活中可以应用的积极教训上。在排练和演出结束后，演员们可能会发现自己在情感上与所扮演的角色产生了强烈的联系，有时甚至难以脱离角色。为了进行正向思考并成功脱离角色，可以采取以下方法：

(1)分享体验。演出结束后，组织一次团队分享会，让每个人都谈谈自己扮演角色的体验和感受。这有助于演员们认识到自己的感受，并且了解到其他团队成员也有类似的经历，这种共鸣可以减轻个体的情感负担。

(2)反思与讨论。在导师或心理辅导老师的引导下，进行角色与现实生活的对比讨论，帮助演员们区分剧中人物与真实自我之间的差异，从而促进他们从角色中抽离出来。

(3)写日记或心得。鼓励演员们在演出后写下自己的感受、所学到的东西以及如何将剧中的经验应用到现实生活中。写作是一种很好的情感释放方式，有助于清晰地表达和理解自己的内心世界。

(4)放松和冥想。进行一些放松练习，如深呼吸、瑜伽或冥想，以帮助身心放松，减少因深入角色扮演而产生的紧张和焦虑。

(5)开展团体活动。组织一些轻松愉快的团体活动，如户外运动、团队游戏等，以强化团队合作精神和同伴支持，转移对角色的注意力。

(6)艺术创作。鼓励演员通过绘画、音乐、舞蹈等其他艺术形式来表达自己的情感，这可以帮助他们找到新的情感出口，并促进其创造力的发展。

(7)专业辅导。如果演员在脱离角色方面遇到困难，应该提供专业的心理咨询服务。专业的心理辅导教师可以帮助他们处理情绪问题，并提供有效的应对策略。

(8)设定界限。明确排练和演出的时间界限，确保演员有足够的时间来脱离角色，回归日常生活。

(9)正向反馈。给予演员积极的反馈和肯定，强调他们在剧中的表演是为了更好地探讨和解决问题，而非现实生活中的自我体现。

(10)角色转换练习。通过有意识地扮演与原角色性格完全相反的角色，帮助演员从原先的角色中跳脱出来，体验不同的人物特质。

通过这些方法，演员们可以更加轻松地从校园心理情景剧中的角色中脱离出来，保持正向思考，并将剧中的经验转化为个人成长的动力。

四、提供心理辅导

对于在剧中体验到强烈情绪或难以脱离角色的学生，应提供个别心理辅导，以帮助他们处理可能的心理困扰，确保他们的心理健康。演员们在扮演各种角色时，可能会深入地体验和表达角色的情感和心理状态，这有时可能导致他们在演出结束后难以脱离角色。为了帮助演员们从心理上顺利地从角色中抽离，可以采取以下几种心理辅导方法：

(1)分享与讨论。在排练和演出结束后，组织一个分享会，让演员们谈论自己扮演角色的体验、感受以及遇到的挑战。通过分享，演员们可以得到彼此的理解和支持，有助于缓解因投入角色而产生的情绪压力。

(2)反思与自我觉察。鼓励演员进行自我反思，思考自己在扮演角色时的感受与现实生活中的自己有何不同，以及如何将角色中的积极特质融入自身，同时放下那些不利于个人发展的特质。

(3)心理疏导。如果演员出现较严重的角色沉浸现象，可以提供专业的心理疏导服务。心理咨询师可以帮助演员识别和处理他们可能面临的情绪问题，教授他们一些放松和自我调节的技巧。

(4)放松训练。引导演员进行深呼吸、冥想、瑜伽或其他放松练习，帮助他们减轻紧张情绪，恢复内心的平静和放松。

(5)角色扮演分析。通过小组讨论或个别辅导的形式，分析角色的心理特点及其与现实世界里自身的差异，帮助演员理解角色与自身的界限，促使他们逐步回归到个人的日常生活中。

(6)社交活动。组织一些轻松的社交活动，如聚餐、户外活动等，让演员们在非正式的环境中交流，从而帮助他们从戏剧情境中脱离出来，重新融入现实生活。

(7)艺术疗法。采用绘画、音乐、舞蹈等艺术形式作为辅助工具，帮助演员表达和释放情感，以艺术的方式促进心理平衡。

(8)时间管理。提醒演员合理安排时间，确保有足够的休息和个人时间来调整自己的状态，避免过度沉浸在角色中。

(9)正向反馈。给予演员正向的反馈和肯定，让他们了解自己在演出中的优秀表现，增强自信心，减少对角色的过度依赖。

(10)持续关注。在演出结束后的一段时间内，持续关注演员的心理状态，必要时提供进一步的支持和帮助。

通过这些心理辅导方法，演员们可以更好地管理自己的情绪，从角色中顺利脱离，并保持心理健康。

五、家长沟通和参与

与学生家长保持沟通，让家长了解情景剧的内容和目的，以便家长在家中也能给予孩子适当的支持和引导。校园心理情景剧的排练和演出结束后，学生演员可能会在情感和心理上与角色产生一定的共鸣，尤其是当角色涉及深刻的情感体验时。为了帮助学生演员脱离角色，家长的沟通和参与至关重要。以下是一些有效的方法：

1. 家长的心理准备

（1）提前告知。在排练开始前，通过相关公众号、家长会或信件等方式，向家长介绍情景剧的目的和可能涉及的心理议题，让家长对比有心理准备。

（2）角色介绍。向家长介绍孩子将要扮演的角色及其可能带来的心理影响，让家长了解并准备相应的支持。

2. 家长的积极参与

（1）观摩排练。鼓励家长观摩排练过程，让他们了解孩子在剧中的表现和投入程度。

（2）参与讨论。在排练结束后，组织家长与教师之间的讨论，分享对孩子角色扮演的看法和感受。

3. 家长的观察与倾听

（1）关注情绪变化。家长应关注孩子在排练和演出后的情绪变化，特别是他们是否能够从角色中抽离出来。

（2）倾听孩子心声。鼓励家长与孩子进行开放式对话，倾听他们的感受和体验，提供一个安全的空间让孩子表达自己。

4. 家长的支持与引导

（1）情感支持。家长应给予孩子充分的情感支持，肯定他们在剧中的努力，同时帮助孩子理解戏剧与现实的区别。

（2）生活平衡。鼓励孩子参与其他活动，如体育、艺术或家庭生活，帮助他们平衡戏剧与日常生活。

5. 家长的观察与干预

（1）观察行为变化。家长应密切观察孩子在演出结束后的行为变化，注意是否有角色的长期影响。

（2）及时干预。如果家长发现孩子难以从角色中脱离，应及时与学校心理教师或专业人士沟通，寻求帮助。

6. 家长的正面反馈

(1)积极反馈。家长应给予孩子积极的反馈，强调他们在剧中的表演是虚构的，鼓励他们回到现实生活中。

(2)强化现实感。通过日常的互动和活动，帮助孩子强化现实感，比如一起做饭、游戏或进行家庭外出活动。

通过这些方法，家长可以帮助孩子在校园心理情景剧的排练和演出结束后更好地脱离角色，回归现实生活，并在必要时提供适当的支持和干预。

六、逐步减少角色影响

在演出结束后一段时间内，教师应观察学生的表现，尤其是那些深入投入角色的学生。应与他们适时进行交谈，帮助他们逐步减少角色的影响，稳定情绪。在情景剧的排练和演出结束后，学生们可能会面临脱离角色的挑战。以下是一些步骤和方法，有利于帮助学生逐步减少角色的影响并顺利回归日常生活：

1. 角色分离讨论

在排练和演出结束后立即组织一次讨论会，让学生分享他们对于角色的理解、扮演过程中的感受以及现在脱离角色的想法。强调每个角色只是剧本中的一部分，鼓励学生识别哪些是角色特质，哪些是他们自己的。引导学生思考角色对他们个人成长的积极影响，同时指出自身与角色间的区别。

2. 渐进式角色剥离

设定一个“去角色化”的过程，从行为举止开始，逐渐剥离角色特有的言谈、表情、肢体动作等。创造机会让学生参与不同的活动，特别是与所扮演角色差异大的活动，以淡化角色特征。

3. 分享与反馈

安排时间让学生们相互之间做正面的评价和反馈，关注彼此在扮演过程中的表现及恢复情况。教师提供专业的反馈，帮助学生理解角色如何影响他们的行为和情绪，并提供策略来调整和适应。

4. 日常活动的正常化

鼓励学生重新投入到学习、体育、艺术等多样化的校园活动中去，这有助于他们找回个人兴趣和身份。恢复正常的日程安排，比如规律的作息时间和课堂学习，以稳定学生的生活节奏。

5. 情绪管理与支持

为学生提供情绪支持渠道，如进行心理咨询或求助信任的教师或朋友，以便他们能够表达和处理任何由于脱离角色而引起的情绪问题。如果出现严重问题，应及时介入专业的心理辅导。

6. 创造性写作或绘画

邀请学生撰写关于其扮演经历的故事，或者绘制描绘其角色和自身的画作，通过这种创造性的方式促进自我反思和表达。这样的艺术创作可以帮助学生客观化他们的角色经历，并将情感和认知整合到作品中。

7. 密切关注变化

在演出结束后的几周内，教师应密切关注学生的表现和行为变化。如果有需要，可以单独与学生沟通，确保他们有效地从角色中恢复过来。

8. 强化个人认同

通过团体活动和个人表彰的方式，强化学生在角色扮演之外的积极形象和成就。举办一些强调个人特长和兴趣的活动，以帮助学生重建和加强个人认同感。

通过以上步骤，学校和教师可以为学生提供一个平稳过渡的空间，帮助他们从心理情景剧中的角色安全地回到自己的生活中，同时这个经历将成为他们个人成长的一部分。

七、强化现实世界的活动

鼓励学生参与其他校内外活动，尤其是那些与角色扮演无关的活动，如体育、音乐或艺术活动，以强化他们在现实世界中的其他身份和兴趣。

校园心理情景剧是一种有效的教育手段，它可以帮助学生在模拟的环境中体验和学习不同的心理状态和行为模式。然而，当学生深入投入到角色中时，他们可能会在排练和演出结束后仍然受到角色的影响。为了帮助学生脱离角色影响，可以通过以下现实世界活动来强化他们的个人身份和现实感：

(1)反思和讨论会：组织一次反思会议，让学生分享他们在扮演角色时的感受、学到的东西以及他们对角色的理解。这有助于学生认识到自己与角色的区别，并理解角色只是暂时的身份。

(2)写作活动：鼓励学生写下他们在剧中的经历，特别是他们如何从角色中抽离出来，以及他们在现实生活中如何应用在剧中学到的经验。

(3)角色扮演分析：通过小组讨论或研讨会的形式，分析每个角色的行为和心理状态，让学生意识到自己是在表演，这不是真正的自我。

(4)真实世界任务：给学生分配一些与现实世界相关的任务，如志愿服务、参与学校管理等，这些活动可以帮助学生将注意力转移到现实生活中的责任和角色上。

(5)放松和冥想：提供放松和冥想的活动，帮助学生缓解因扮演角色而产生的情绪压力，恢复内心的平静。

(6)个人成长计划：指导学生制订个人成长计划，让他们设定短期和长期目标，这样他们就可以将注意力集中在自己的发展上，而不是角色上。

(7)艺术和创意表达：鼓励学生通过绘画、音乐、舞蹈等艺术形式表达自己，这有助于他们探索和表达个人情感，而不是角色的情感。

(8)社交活动：组织社交活动，如运动会、聚餐或户外探险，让学生在轻松的环境中与他人互动，提升他们的社交技能和团队精神。

(9)导师制度：为学生分配导师，让他们与教师或学长学姐进行一对一的交流，这样可以帮助他们在遇到困难时找到支持，并加强他们的个人认同感。

(10)心理健康工作坊：举办心理健康工作坊，教授学生如何处理情绪、压力和人际关系等问题，这些技能对于他们从角色中抽离和处理现实生活中的挑战都是有益的。

通过这些活动，学生可以更好地理解和区分角色扮演与现实生活之间的差异，从而帮助他们在完成校园心理情景剧后顺利地回归到自己的日常生活中。

八、教育学生认识角色与现实的界限

通过剧情分析、讨论等形式，教育学生理解戏剧中的角色与现实生活中的自我之间的界限，明白舞台上的表演是暂时的、虚构的。

校园心理情景剧是一种有效的教育手段，它通过模拟现实生活中可能遇到的情景，让学生在扮演不同角色的过程中体验和学习。然而，角色扮演可能会对学生产生一定的影响，使他们难以区分角色与现实生活的界限。因此，在排练和演出结束后，通过剧情分析、讨论等形式引导学生认识角色与现实的界限是非常重要的。以下是一些方法和步骤：

1. 组织回顾会议

在演出结束后不久，组织一次全体参与者的回顾会议。邀请学生分享他们在扮演角色时的感受和经历。鼓励学生讨论他们在剧中的行为与现实生活中的行为之间的差异。

2. 角色分析

指导学生分析每个角色的性格特点、动机和行为。讨论角色的行为如何影响了剧情的发展和其他角色的反应。强调角色是剧本创作的一部分，与现实生活中的个人身份有所不同。

3. 现实与戏剧的区分

明确指出舞台上的行为是为了艺术表现而设计的，不一定反映现实生活中的价值观和行为准则。讨论戏剧中的冲突解决方式与现实生活中可能采取的方式的差异。

4. 情绪管理

教授学生识别和处理在角色扮演中产生的情绪的方法。提供情绪支持和压力管理的策略，帮助学生从角色中抽离出来。

5. 反思与自我认知

鼓励学生反思自己在剧中的表现，以及这可能对他们的自我认知造成的影响。引导学生思考他们从角色扮演中学到了什么，以及这些经验如何帮助他们理解自己和他人。

6. 社会互动技能

讨论剧中的社会互动与现实生活中的互动有何不同。强调在现实生活中应用同理心和有效沟通技巧的重要性。

7. 家庭和学校的合作

与家长沟通，让他们了解情景剧的教育目的和可能的影响。鼓励家长在家中与孩子讨论剧中的内容和角色，帮助他们区分戏剧与现实。

8. 持续的关注

在演出后的一段时间内，持续关注学生的情绪和行为变化。如果有必要，提供进一步的心理支持或咨询。

通过这些方法，教师可以帮助学生理解和分析他们在情景剧中的角色，引导他们认识到戏剧与现实生活的区别，并帮助他们在情感上从角色中脱离出来，从而减少角色扮演对个人身份和现实生活的负面影响。

九、持续关注与反馈

教师和辅导员需持续关注学生在剧后的行为和情绪变化，必要时提供进一步的支持与反馈。

校园心理情景剧是一种通过角色扮演和剧情演绎来探讨和传达心理健康信息的表演形式。演员在扮演角色时可能会深入体验角色的情感和心理状态，有时这可能导致他们在演出后难以脱离角色的影响。为了帮助演员在排练和演出结束后从角色中解脱出来，可以采取以下措施：

(1)剧后讨论会。组织一次剧后讨论会，让演员们分享自己的体验、感受和学到的东西。这有助于他们理解自己与角色之间的界限，并认识到自己的真实情感与角色所表达的情感之间的区别。

(2)心理辅导。提供专业的心理辅导服务，让演员有机会与心理咨询师交谈，以帮助他们处理任何可能由于扮演角色而产生的情绪问题或心理压力。

(3)放松和减压活动。安排一些放松和减压的活动，如瑜伽、冥想、轻松的户外活动等，帮助演员缓解紧张情绪，回归平静状态。

（4）角色剥离仪式。进行一个简单的角色剥离仪式，比如拿一张纸让演员写下他们角色的名字，或者采用与角色相关的物品，在仪式上将其销毁或放下，象征性地表示他们与角色的分离。

（5）正向反馈。给予演员积极的反馈和鼓励，强调他们在演出中的优秀表现，同时指出他们现在可以摆脱角色的限制，回归自己的生活。

（6）社交支持。鼓励演员与家人、朋友和同学交流，分享他们的经历，从社交互动中获得情感支持和理解。

（7）持续监测。在演出后的一段时间内，持续关注演员的情绪和行为变化，如果发现有演员出现长期的情绪问题或行为改变，应及时提供进一步的帮助。

（8）教育和培训。在排练过程中，对演员进行角色分离的教育和培训，让他们了解可能遇到的心理挑战，并学习如何应对这些挑战。

通过这些措施，可以帮助演员认识到他们的真实自我与所扮演的角色之间的区别，从而更好地管理自己的情绪，减少角色对个人生活的影响。

通过这些措施，学校可以帮助学生在享受校园心理情景剧带来的乐趣与教益的同时，有效地管理和脱离所扮演的角色，保持心理健康和现实生活的平衡。

附：
心理情景剧剧本

1.《手机"砸"开沟通路》(姜桂芳老师 2020 年)

第一幕

地点：家，书房

道具：电脑，书本，笔，手机，耳机

人物：郁子修，郁子修母亲

旁白：郁子修是一位阳光潇洒的男孩，成绩在学校里名列前茅。由于一场突如其来的疫情，郁子修所在的学校开展了网络教学。由此，在家里的郁子修也开始了他日复一日的网课生活……

郁子修：(电脑开着，戴着耳机紧盯手机屏幕，小声地)快快快，我这边是兰陵王，帮我挡一下，我没蓝了！……你们倒是冲啊！不要怂，给我冲啊！对，就是他！打他！我先回个城啊，血量有些不健康……

母亲：(偷偷将门推开，看见儿子并没有专心听课，于是推门快速走进)呵，我就知道你在玩手机！学习时倒没见你这么勤奋！

郁子修：(身体颤抖一下，小声地)妈，我……

母亲：出息了啊！上课都敢玩手机了啊！我看你可以关电脑了，这样省电环保。(正要关电脑，郁子修挡住了)

郁子修：妈……我只是刚刚打开手机而已……

母亲：（一把拿起桌上的手机）你的手机刚刚打开就这么烫？难道是丢进开水里煮过了吗？（音量渐高）

郁子修：老师讲的我都懂了！（音量高地）而且我也有在学习啊！又不是一直在玩！

母亲：我一天天地看着疫情延期开学，身边朋友孩子有条不紊学习，我真的很抓狂你的学习。（快步走出，用力关上门）

郁子修：（站起，高声地）别说的好像你真的很关心我似的，无非还不是为了成绩！（激动地）我一次考不好又不代表我次次都考不好！一天到晚就会啰啰嗦嗦的，烦死人了！

母亲：（又走回房间，气冲冲地，高声地）自己考差了，倒还有理了？你信不信我今天就把你手机给砸了！）

郁子修：你不是想砸它很久了吗！（指着手机）好，你倒是给我砸啊！

旁白：郁子修的母亲拿过手机用力往地上一摔就走了，房间里只留下郁子修和已经四分五裂的手机。家里陷入死一般的寂静。

第二幕

道具：幕布，制造光影幕布效果，围裙，吃饭桌椅，碗筷，手机，手捧花、奖状

人物：郁子修不同年龄段的母亲、郁子修父亲，幼年、少年郁子修等

旁白：走出房间来到客厅的妈妈，久久难以平静，自己的儿子啥时候变成这样，子修妈妈陷入沉思……

光影幕布造型：

旁白：青春是多么美好的事情啊！（造型 1 青春，梳着马尾的少女子修母亲在愉快地转圈，跳舞）

旁白：子修爸爸向我表白的画面还历历在目。（造型 2 子修父献花，母羞涩接受，拉手拥抱）

旁白：怀着子修那会，真的很辛苦。（造型 3 子修妈妈怀孕不能弯腰系鞋带，披着长发）

旁白：还记得子修小的时候，每天吃饭都像打仗似的。（造型 4 子修妈妈做饭的围裙还来不及解下，刚端饭菜坐在桌前吃饭，子修就从地上爬过来，哭闹）

旁白：每每夜深，子修常不能好好睡觉，哎，那段日子真是不堪回首。（婴儿啼哭）造型 5 蓬头，抱着孩子团团转。

旁白：上班前还得急急忙忙送孩子上学。（造型 6 拖着孩子上学，急匆匆不停看表上班）

旁白：还记得忙着孩子事情，一次工作出了大纰漏的情景。（造型 7 工作业绩下降被领导批评）

旁白：当然我和子修也有不少美好时刻。（造型 8 长大的儿子拿奖状给妈妈，梳着发髻的妈妈竖起大拇指）

旁白：可是我的儿子什么时候开始顶撞我，不听我话了呢？（造型 9 儿子玩手机，妈妈摔手机，坐在树下伤心哭泣）

旁白：妈妈难过极了，她不明白儿子为什么变成这样？对这个孩子她感到心力交瘁，却又不知道如何是好，但她明白，儿子长大了，不再仅仅属于她。

第三幕

地点：教室

道具：课桌椅

人物：郁子修，班主任李老师，同学 ABCD

旁白：总算疫情得到控制，郁子修的学校开学了。班会课上老师谈起了智能手机的管理……

李老师：同学们，我们的网课教学已经进行了两个多月了，不知道同学们在上网课时候都学得怎么样呢？

郁子修：原来不知不觉两个月就过去了……这两个月我都在学什么啊……（若有所思地）

李老师：肯定有同学在家里玩手机看电视，但我相信总有一些同学在不懈努力。但不管是什么情况，请大家坦诚地分享一下自己的学习情况，老师不会做任何评价！

同学 A：疫情期间，我把近十年的数学高考真题做了整理，按照我的掌握程度，把知识点填在了绿、黄、橙、红四色卡纸上。

同学 B：为了解决我的英语词汇积累少的毛病，我下载了万词通 APP，连续打卡 80 多天，疫情一天没拉下，耶！

同学 C：进入高中以来，我觉得物理难度大，趁这个疫情时间，我把物理妥妥的变成了优势科目！我能干，我高兴！

……

旁白：郁子修再也听不进去同学们的成果汇报了，陷入了深深地自责中：原本我也可以这么勤奋，这么自信的呀！

（下课铃响，同学 ABC 走出教室，只有 D 在郁子修旁边坐下）

同学 D：子修，我带手机来了，玩一会吗？

李老师：郁子修？你在想什么？

同学 D：（惊讶，赶紧也跑出教室）

郁子修：老师，疫情期间，我控制不好自己，上课时间打游戏，想着同学们寒假成果多多，我压力很大(低下头)。

李老师：子修，你能认识到自己的问题，老师很高兴。下周学校有一场“中学生手机使用利弊”辩论赛，你去看看吧，也许你会有收获的。

第四幕

地点：教室

道具：椅子八张，八字形摆放

人物：李老师，郁子修，正反方辩手共 7 人

旁白：老师的话在郁子修的耳边再次响起，他觉得曾经学习优秀的自己现在沉溺手机，还失控地与母亲发生冲突，是该走出来了！学校的辩论赛现场，郁子修正作为反方四辩在发言呢！

李老师：首先有请正方辩手发言。

正方 1：我方认为使用手机利大于弊，手机可以查资料，答疑解惑。

正方 2：有手机可以见缝插针地和同学交流讨论，没有时空限制。

正方 3：手机还有很多功能，比如拍照，随时记录有价值的东西。比如设置闹钟，这样我们就不用担心上学迟到了。

正方 4：手机方便联系家长，及时和父母沟通学校情况。

李老师：下面有请反方辩手发言。

反方 1：我方认为手机让我们学习走神，手机放在身上会时不时掏出看看有没有短信电话之类，干扰学习秩序。

反方 2：手机不知不觉掠夺了我们很多宝贵时间，深夜的回复，午夜的铃声等甚至把我们的睡眠也偷走了。

反方3：手机加重了家长负担，毕竟买手机，通信费、流量费等都需要父母买单的。

郁子修(反方4)：手机让我们远离真实，朋友之间也慢慢变成了熟悉的陌生人，和父母也是懒得说话了。

旁白：辩论赛在激烈地进行着，但是郁子修心中有了答案：智能手机是一把双刃剑，想要恰当使用手机先需要强大的意志力和抗干扰能力……

第五幕

地点：运动场上

道具：卡纸

人物：李老师，郁子修和母亲，同学A和父亲，同学B和母亲

旁　白：在这段时间里，子修妈妈想了不少，她觉得自身需要不断学习才能跟上儿子的节奏；子修在学校参加活动后，历经反思也获得了成长。恰逢学校举办了一个全校的“亲子沟通”工作坊，子修母子俩报名参加。培训现场气氛热烈……

李老师：亲子沟通出现问题，我们往往是吵架解决，但是，一定有比吵架更好的办法。我们一起玩游戏，题目是“我说你玩”。请亲子之间背靠背坐着，每人手上拿一张卡纸。(注：子修母子、同学A、同学B母亲横拿着卡纸，同学A父亲、同学B竖拿着卡纸)

第一步：请对折卡纸；

第二步：请撕下一个三角形；

第三步：请旋转卡纸180°，在右上方再撕一个三角形，展开卡纸；

第四步：请亲子面对面看看彼此的卡纸，也看看其他对亲子的卡纸，想想为什么差距那么大，请分享感受。

李老师：大家看子修母子俩，他们的卡纸惊人地相似，请你们说说感受。

郁子修：游戏过程我和妈妈沟通了，我们虽背对背，但心相通。

子修妈妈：我儿子主动和我沟通游戏操作，我感到很温暖。

同学A和父亲：(两人齐说)你们真是令人羡慕的母子俩。

同学B妈妈：你看看郁子修多懂事，做个游戏都和妈妈商量。

同学B：妈妈，不要再拿我和人家的孩子比了，我很受伤。

旁白：沟通游戏的感受分享，大家发言踊跃，每个人都懂得了不同结果的

背后是心与心的靠近，亲子沟通的路上，等着我们敞开心扉、协商解决、携手同行。

第六幕

地点：家，书房

道具：电脑，书本，笔，手机，耳机

人物：郁子修，郁子修母亲

旁白：郁子修的妈妈和子修经过了反思和学习，他们对亲子沟通有了新的办法……

郁子修：（电脑开着，戴着耳机紧盯手机屏幕，小声地）快快快，我这边是兰陵王，帮我挡一下，我没蓝了！…你们倒是冲啊！不要怂，给我冲啊！对，就是他！打他！我先回个城啊，血量有些不健康…

母亲：（偷偷将门推开，看见儿子并没有专心听课，于是推门快速走进）子修，你玩手机了，妈妈可以为你做点什么呢？

郁子修：（微笑地）妈，我想要你提醒我，监督我！

母亲：我可以怎么做呢？

郁子修：你让我玩 30 分钟，25 分钟提醒我，做好退出游戏准备。30 分钟立刻进房间关我手机。

母亲：（迟疑地望着儿子）万一你不给，还生气怎么办？

郁子修：你就拿着抱枕敲我头！

旁白：郁子修妈妈认真地设置了 2 个闹钟，25 分钟的闹钟是提醒子修做好关机准备，30 分钟闹铃响，妈妈准时进入书房……

母亲：（迅雷不及掩耳地夺过手机）好了，子修，妈妈完成了你的任务。

郁子修：（正想站起来抢手机，但又马上明白，站起来撒娇地说）妈妈，你再给我玩一会，就一会嘛！

旁白：妈妈笑呵呵地拿起抱枕敲儿子的头，子修也笑了，他坐下来拿起笔，看书记笔记，此时母子俩的感觉都特别好！

2.《傲慢与偏见》（唐莹莹，谭嘉怡，余景然，2017 届高一 8 班）

人物：笙歌（校园监控器）

学生：余安静、苏炜、潘、王、睿、邓小时、蓉（班长）

班长任：郑老师

第一幕

（众人吵闹，笙歌拍手让大家安静，众人安静下来）

笙歌：大家好，经过两个月的在校学习，相信大家已经熟悉我了，没错，我就是学校里无处不在的监控器，在这两个多月中，我看到了许多感人的事、搞笑的事、悲伤的事，那么今天，我要给大家讲述的是刚开学时的故事，关于傲慢与偏见。

旁白：笙歌拍手，继续开始

（教室）

（女生要继续吵闹）余（趴在桌子上刚睡醒，瞄了眼同桌）：嘿，苏炜吧，原来你是我的新同桌，我就是昨晚和你在班群上聊的那位，记得不？

苏（放下手机）：等等……你？（余猥琐地摸下巴，笑）你就是“大明湖畔的夏雨荷”？

余：是呀，皇上，你不记得臣妾了吗？（苏万分惊恐地看着余），好了，不逗你了。哎，告诉你们个小道消息，听说我们班主任啊，是个教语文的大叔！

潘、老王（同时转头）：纳尼???

潘：太好了，我打娘胎出来就是被语文大妈管着，早想换换口味了。

（男生要继续吵闹）睿：哎（碰碰邓小时），听到了吗，我们班主任是教语文的，还是一大叔。

邓：我无所谓，只要帅就行（大手一挥），不求貌比潘安，好歹也要像吴彦祖、梁朝伟那程度吧（话说到“吧”时，郑出现在班级门口，邓抬头看郑），oh，no！我的眼呀！（双手捂脸，趴到桌子上）

（班上仍很吵，郑皱紧眉头，蓉轻叫“安静，老师来了”后，众人缓缓安静，班上只有潘悦、老王在吵）

郑（眼睛瞪着老王，老王看着郑，不说话了）：安静下来了吗？很好玩吗？吵得很爽吗？啊？继续吵呀！

老王（指着郑）：怎样!?

郑（走到睿的桌子前，拍睿的书，睿心疼地喊：这是我的书）：今年贵庚呀，幼儿园咩？很喜欢顶嘴是吧，看看你们，哪有重点班的样子?！自习！给我好好反省一下！那个叫安静的同学跟我出来一下。

余：我去，啥情况，刚开学就来个下马威。

潘：我也是醉了，这是被我初中语文班主任附体了吧。

（蓉进来）：别吵了，是你们刚刚太吵了，老师才骂人的。

余：哟，才被叫出去一会胳膊肘就往外拐了，说，给了你啥好处？

蓉（不要太嚣张）：我现在是班长，有意见吗？

余：（伸手指着蓉，一脸惊讶）我去！你是班长？不行（拍桌子起立）我要起义，你们说是不？（呼吁除蓉外的其他人）

王：嗯，就是！！

（从开始唱歌，高潮部分男女合唱，蓉一直在阻止，但声音被渐渐压了过去）

笙歌：（拍手，众人安静）好一首起义歌，看来经验老道的老师碰到一群不怕虎的小犊子了，带有如此强烈偏见的他们，会怎样与老师展开较量呢，嗯，有意思……（拍手，演员演戏，笙歌退场）

第二幕

（郑走进教室）

郑：上课

蓉：起立（众人全部起立，唯有苏炜依旧坐着，郑瞪了一会苏炜，苏炜慢慢起立）

郑：（慢慢地说）同学们好！我们今天上《北大是……》这一课，上课之前我先来了解一下各位的志向。你们都想考哪个大学呀？

余：老师，我想读哈佛！

郑；哦？不错，有志向，美国哈佛是世界名校呀。

余（举手）：老师，我说的哈佛是说哈尔滨佛教大学。

苏（奸笑并举手）：老师，我比他有志向多了，我要当工程师。

郑：（瞪了瞪余）学学人家，那你说说，你想考哪呀？

苏（大声）：作为一个新时代的青年，当然是要考蓝翔。挖掘技术哪家强？中国山东找蓝翔！

（众人笑）

郑：安静！！！班长，你来回答这个问题。

（苏和余缓缓坐下）郑：谁让你们坐下的？（苏和余缓缓站起）谁又让你们

站起来的啊？去蹲着！！班长你说。

蓉：老师，我要考麻省理工大学！

郑：嗯，不错。

王：老师，我觉得她说的是麻章省级理发技工学院。

（众人哄笑）

郑：好玩么？理想是很重要的东西。没有理想，你们就是行尸走肉。你们分到了尖子班，不代表你就是优秀的，只能代表你以前比别人优秀。现在不好好学习，下学期就分班了，你们又有多少人可以留在这里？

潘：（小声不屑地说）反正你不会留在这里就行……

苏：（微微点头）就是。我们考试又不是你考。你管呢？中大毕业又怎么样？好玩咩？（语调变高）

郑：够了，有意思吗，你们是在挑战我的智商，还是底线。真以为中大很好考？去年，我们学校只有19个人考上中大，你呢？全校2000多人，你能成为19/2000吗？干什么一就一，二就二，不要儿儿戏戏！（下课铃响）下课！！！（郑暴走出教室）

余、苏击掌：哈哈，搞定，看他这生气样。

蓉：你们计划好的？

老王：那是，给他点颜色瞧瞧！这老头！！

（众男生击掌。笙歌拍手出场，演员动作暂停）

笙歌：（说话同时男生退场，睿换位置）这，整人的技术含量还敢再低点吗？这个班也太乱了点，身为这个学校元老级人物的我也是醉了，老师的权威地位岌岌可危呀！难道事情没有回转的余地了吗？（拍手）

第三幕

睿：哎，班长，我问你道题。（走路时看书，快到蓉面前时摔倒）。

蓉：（焦急状）怎么样，还好吗？流了好多血了啊。

邓（从教室另一端走过来）：啊，流血了？

文：能起来不？我们扶你到校医室。

（睿试着站起，还是摔了）

蓉：不行，她走不了。现在放学，男生都走了，我们怎么带她去校医室呀？

邓：要不，拖过去？

文：别闹！！

邓：好像我刚刚看到班主任在办公室，要不找老师帮忙背到校医室吧。

蓉：也行，那你去叫，我在这陪她。

（过了一会，郑和邓出现在教室门口，郑风风火火跑进教室，邓被撞得转圈）

郑；怎么不早点来叫我呢？还能走不？

蓉：不行呀。老师，怎么办？

郑（蹲下，转过身）：没事，我背。

蓉、邓：可是……男女有……

郑（邓、蓉话还没说完就急冲冲地喊道）：快点！（蓉扶睿到郑背上，放音乐《平凡之路》。注意：郑跑起来时，要刚好放到"当我跨过山……"，而且，演员要慢动作、一步一步地跑，动作要夸张！！！）

（校医室内）

蓉：唉，今天要是没有老师就糟了。

邓：是啊，其实老师没有男生们讲的那么没有人情味。

文：我们太先入为主了，上次也是我们太吵了，老师才骂人的。

（女生们叹口气，低头沉思）

笙歌拍手（众人缓缓回到各自位置）：真是一个惊心动魄的中午，女生们好像看到了隐藏在老师傲慢后的另一面，偏见正在消失，男生却好像继续对老师充满不满呢。这个班能变成一个整体吗？（拍手）

第四幕

铃声响（众人吵闹）。

蓉：大家自己安静上自习。

王：（跳上讲台）我来给大家唱一首歌吧。反正是自习课。

（众男生鼓掌）

睿：不怕死么？到时候老师发现肯定会发飙的。

余：管他呢，看完再说。

（表演开始）老王唱起改编的国际歌。

（刚唱完，凤、班出现）

凤：你们在干嘛呢？

班：(语调提高，呵斥状)自习课你们不想上我们还要上呢？唱歌影响到我们知道不？现在唱完歌了？是不是还要跳舞了？

潘：你咋知道？

凤：(卷起袖子)欠揍是吧？

苏：(从椅子上站起，非常拽)怎样啊？

班：(向前走了一步，推了苏一把)想打架是吧？

众男越靠越近，蓉准备上前阻止。

郑：(突然出现在门口)哎哎哎？干吗呢？你们差不多就得了，闹什么闹呢？(转头向凤、班)影响到你们自习是我们不对，这是我的责任。但老子都没管他们呢？哪轮到你们？除非你们是孟子？块头大有什么用，门口都堵住了，还有你，瘦得和闪电一样，风一吹就飞了。还打架？快走，回去上你们的自习去！

凤、班：(唯唯诺诺)知道了，(瞪了苏一眼)叫他们闭嘴就是。

(两人走后郑转向王)：你们啊。很有创意，内容不管，你们把对我的不满变成一种创造力，这很好。但是，要注意场合知道不？考虑一下别人(拍了拍老王)这个节目秋游你们可以踊跃表演。行了，安静上自习吧。(慢慢走出去)

(男生们对视)潘：老师居然没批我们？

苏：老师原来不是个软蛋。还是挺仗义的啊。有男人味！我喜欢！

余：(点点头)你喜欢？你不是有特殊癖好吧。

笙歌(拍手后上台)：就这样，在嬉笑怒骂中，日子一天一天地过去了，期末考试终于来临了。一个学期以来的欢笑与感动都已经成为昨日美丽的梦。同学与老师之间的芥蒂是否已经消除？嘘，考试铃快响了。

第五幕

郑：期末考试了，这决定了你们以后的命运了。都认认真真考，尤其是你啊，平时不好好学习。(拍了拍吊儿郎当的苏炜)

(开考铃响)

郑：嗯，开考了，不多说了，快点去考试吧。

众人缓缓入座。

考场内。

莹：请同学们将与考试无关的东西收起来，现在发卷了。

众人抓耳挠腮，表演出遇到难题的样子。背景乐放起：

学霸，学霸，你们在哪里呀？有你在考试难题都不怕。老师，老师，题目为何这么难，考不好要怎么办？

（结束铃响）莹：考试结束，同学们把试卷传上来，然后就可以离场了。

莹走后，苏（嘶哑地唱起）：把我的悲伤留给自己。

潘（回头）：干吗了？难听得鬼一样，得了产前焦虑症还是产后抑郁症？

余（坐到桌子上，拍了拍苏炜的肩膀）：看这样子就是考差了呗。（叹了口气）我也是啊，语文挂科了。

（众女靠了过来）

文：谁不是啊！好多题都不会写，这次惨了，进不了重点班了。

蓉：没事啦，其他科努力就好。

睿：你个学霸考好了当然这样说。（众人一阵悲叹，放起钢琴曲）

郑（走进教室）：怎么一个个都垂头丧气的？不就是考试吗？考完一科就丢一科，有点气魄，自己只要尽力了就好！（挥一挥手）

余：老师我错了，都怪上课我没有认真听，很多东西都讲过了。

时：是啊，考差了，我们可能不能分到一个班了……

文：嗯嗯，老师，大家相处那么久了，总会有感情的……可是不久就要分开了。

苏：尽管……

郑（有些感动地揉揉眼睛）：没事没事，相信自己，尽力而为，就不会后悔，你们一定可以的！

众人：嗯！

笙歌（拍手）：多么感人的一幕，老师终于褪去了伪装的傲慢，而同学们也放下了对老师的偏见，双方终于展现出内心最真实的一面。但是，现实却似乎预示着他们的分离，故事就要这样结束了么？（拍手）

第六幕

潘（站起来，从前到后扫了一眼）：新学期了，班里面又有什么人。（突然看到凤和班）哟，你们两个也在？

班：Hello！我们两个也和你在同一个班了。

凤：哥们，之前的事多担待。（拍拍潘的肩膀）

蓉：没事没事，以后咱们就是同学了。没想到大家又考进同一个班了啊。

余（从门口出现）：怎么会没有我呢？

苏：（吃惊状）我去，你不是说你不在尖子班么？难不成那个“情深深雨蒙蒙”又是你？

余：往事不要再提。这次我又打听到了我们班主任了。貌似又是教语文的男的。

王：随便了啦，希望像郑老师一样就好。

睿：又是男的，其实郑老师也挺帅的。希望新老师不是大叔。

时：没事，郑老师我都能接受，多奇葩的人不行？

郑出现在门口：说什么呢？

时：Oh，no。

众人（十分吃惊）：怎么又是你？

笙歌拍手，众人缓缓离场，聚集在场后，音乐放起：在这短短几个月里面，他们笑过，骂过，哭过，气过。偏见像是一座山，随着时间推移，崩溃成泥；傲慢像是一把剑，却也渐渐软如绵云。在这看似短暂的时间里，他们创造出了自己的独家记忆。泰戈尔说过：‘走过，不必采路边的花来证明，因为在这条路上，花，会自然开放。’他们又开始了新的故事，又会擦出怎样的火花……

3.《别让网络“网”住了你》

旁白：李明浩同学从小就成绩优异，在中考时候不负父母的期望，顺利考上了本市最好的重点中学。9 月将至，明浩的父母希望他能在高中保持优异的成绩，因此决定在开学前送他一个礼物，激励他学习。

场景一：(爸爸，妈妈，明浩)

爸爸：明浩，快来吃饭吧！

明浩：好，马上过来(明浩从舞台左边上场)。

妈妈：浩浩，马上就要开学了，你有什么愿望啊？

浩浩：嗯……我希望……嗯，能交到更多朋友，然后……取得更好的成绩！

爸爸：明浩(神秘地笑了，放在背后的手里拿着一部手机)，为了奖励你的努力，我们决定送你一部智能手机(说着把手机拿到明浩面前)。

浩浩：太棒了!! 真的吗？老爸，你可别在逗我吧？

爸爸：(将手放在明浩的肩上)乖仔，你老爸君子一言驷马难追！有了这个手机，你以后学习有什么不懂的，就可以用手机查了。你也可以通过手机多了解外面多姿多彩的世界。

浩浩：嗯，我一定会好好学习的。

妈妈：(走到浩浩身旁，揉揉他的头)买这个手机是给你学习的，你可不能拿来玩游戏啊，不能随便在网上交朋友，不要轻易泄露个人信息，更不能使用它过度地追星啊。

浩浩：放心吧老妈，我自控力很强的(捧着手机得意地笑了)。

(爸妈退下，明浩来到舞台旁，坐在中间的桌子上)

场景二：(李明浩，A，B，C)

旁白：明浩在认真地做题。

浩浩：嗯……这道题好难啊(想了一下后一拍头)，对哦，我可以用手机搜题啊(从书包里拿出了手机，开始拍照搜题)

(A，B，C 有说有笑地走进来，坐到位置上)

A：(看了一下手表)现在距离上课还有 20 分钟，我们开一盘游戏吧。

(ABC 三人把书包放下，拿出手机坐在一起)

C：明浩，看你是买了台新手机吧，要不要和我们一起打游戏嘛？

明浩：我不玩游戏，你们玩吧。

旁白：ABC 三个人玩得非常起劲，导致明浩的注意力渐渐被分散了

明浩：(起身走向他们，伸过头去看)

B：明浩，一起玩吧！

A/C：对啊，明浩，一起来吧！

明浩：可是我不会玩啊。

B：没事，我教你，很简单的。首先，你先安装这个软件，其次注册绑定……

旁白：明浩就这样踏入了游戏的世界，体味到了以前从来没有过的刺激和快乐。

(舞台暗下，ABC 退下)

场景三

旁白：晚上 明浩坐在卧室的书房旁写了半个多小时的作业后，看了看桌面的手机，犹豫了一下，还是拿起了手机。

明浩：玩一小会儿就行了。

旁白：时间一分一秒地过去了。

明浩：(看了一下手表)吓！居然已经玩了一个多小时了，不行，得赶紧睡觉了。

旁白：明浩站了起来，他看着桌面的手机，马上去睡觉的决心渐渐地弱了下去，他的内心在挣扎)

明浩：(又慢慢坐回了原位)没事，就玩一盘，现在也就 11：40，正好凑个整到 12：00。

旁白：黑夜转瞬即逝，不知何时荧屏方灭。

场景四(老师，李明浩，A/B/C)

(教室里，明浩趴在桌子上睡觉)

老师：李明浩！！快点起来，这都已经第几节课了，你还睡觉，你昨晚干什么去了？(用手用力地拍了拍桌子)

明浩：我……学习学得晚了点，老师，不好意思。

老师：别睡了啊，你擦点风油精，洗把脸，打起精神来

(老师继续讲课)

旁白：李明浩感到非常地懊恼，他昨晚怎么会玩手机玩到这么晚呢？现在好困啊。他下定决心，不能再玩了。

（下课铃响了，老师下课了）

B：下课了，吃饭去咯！

（大家都走了，只剩下李明浩一个人）

明浩：我现在要把昨天落下的作业都补完。

（一会儿后，手机铃声响了，明浩接起了手机）

C：明浩，你一会儿来宿舍楼下开盘游戏呗，我们都等着你。还有啊，昨晚我研究了一套连招和蛇皮走位，你赶紧过来，我给你秀一波啊！

明浩：（有点烦躁，生气地说）你们自个儿玩，我才不去（他挂了电话）。

旁白：虽然明浩嘴上说着不，但是刚刚那一通电话已经成功挑起了他的游戏瘾，他的目光逐渐锁定了手机。

明浩（拿起手机）：要不，我先玩 15 分钟吧，反正也不差这一会儿。

旁白：20 分钟过去了。

（再看手表）呀，已经玩了 20 多分钟了，算了，玩够半个小时吧（又 40 分钟过去了）

明浩：（又看手表）哎呀，又超时间了，已经玩了一个小时了啊，得赶紧写作业。（急忙拿出作业，看不到几秒，挣扎一会后）反正作业也写不完了，今晚再写了。

旁白：就这样，明浩玩手机的时间越来越多，写作业的时间越来越少。一开始，他还为自己花太多时间玩游戏而懊恼，可随着时间的推移，他已经习惯了玩游戏，不再为此懊恼，甚至还对别人说谎，为自己辩解，他每天都期待着放学，又因为熬夜玩游戏，他白天也没有精神上课了。

场景五：（老师，明浩）

（老师把明浩叫了过去）

老师：李明浩，你最近怎么了?！上课总是在睡觉，你看看你现在都考成什么样了。

旁白：李明浩接过自己的成绩单，倍感失落，伤心地走回座位，他觉得自己实在不能再玩手机了，可当他再看到手机时，考试失败的心瞬间荡然无存，他已经深陷游戏的泥潭中了。

场景六：（爸，妈，明浩）

旁白：明浩的爸爸妈妈黑着脸坐在餐桌旁。

爸爸：(微怒，语重心长)李明浩，你怎么回事，你自己说说，这次的成绩怎么下滑得这么厉害？

(明浩低着头，看着自己的大腿)

妈妈：浩浩，我看你最近总把自己关在房间里，大半夜也不关灯睡觉，你是不是迷上了玩手机啊？你不是向我们保证你不会玩游戏的吗？

明浩沉默。

爸爸：(拉着明浩)你给我抬起头，你看看你这些年来获得的各种奖状、奖牌、荣誉证书。这些都是你十多年来努力的见证，你难道要让他们全部变成徒劳一场吗？

旁白：过往的荣耀在明浩眼中不停地掠过，他开始感到迷茫，不知所措。他感到痛心，他想要摆脱游戏这个牢笼。

明浩：(流泪，带哭腔)对不起……对不起……我也不想这样，可是，我控制不了我自己。我有尝试过停止玩游戏，可我做不到啊。我也努力地想去学习，可是当我一坐到书桌前，看到手机就想要玩游戏。写作业时，脑子里全部都是游戏游戏，赶也赶不走，根本集中不了精神学习。

妈妈：你只要意识到自己的错误，改正过来就行了，现在还为时不晚，爸爸妈妈和老师同学们都会帮助你的。

爸爸：你赶紧把手机交出来。

(明浩非常慢地把手机拿出来，在手里紧紧地攥着，微颤地，眼睛直直地盯着，爸爸用力将手机抽走)

妈妈：(拍拍背)别再想手机了，专心学习吧。

场景七：教室(A，B，C，老师，李明浩)

明浩：哎，这些题我都不会，怎么学嘛？我好想玩游戏，可是……

C：明浩，你和我们一起玩吗？

明浩：可我的手机已经被没收了。

C：没事，我这里还有一台手机，给你。

明浩：(停了几秒，我要不要再玩会？不行不行，我要是再玩，那就真的戒不掉了，可是，就玩一次，没太大影响吧。不行不行，功课落下那么多，反正也学不会，不学了吧，不行，我不能荒废我自己。

旁白：明浩不断与自己争辩，最终，他不由自主地转向了玩游戏的同学，被游戏里激烈的战斗画面所吸引。

（老师突然进来）

老师：李明浩，你又在干吗？（几个玩游戏的同学一听老师的声音，急忙把手机收起来）

明浩：（惊愕地看着老师）我……我……

老师：你的情况你父母已经和我讲了，你怎么还看他们几个打游戏？还有你们几个，明知道别人成绩已经受了影响了，你们怎么还引诱别人和你们打游戏？

B：老师，我们之前不知道后果这么严重，我们只是单纯想让他放松一下……

老师：你们玩游戏，毕竟没有影响到成绩，学校睁一只眼闭一只眼就过去了，可不是人人都有和你们一样的自控力，你们看到同学有困难，要学会帮助他人，引导他人，而不是带领他越陷越深。

A，B，C：老师，我们错了。

老师：你们有想对明浩说的吗？

A：明浩，我们都喜欢玩游戏，可你知道为什么我们的成绩不下降而你的成绩下降得那么厉害吗？

明浩：为什么？

A：我们玩游戏真的是单纯的放松，而你却是沉溺在游戏中。

明浩：你不觉得游戏很吸引人吗？

A：游戏固然很吸引人。但是，当我们要做正事、学习时，就必须忘却游戏，使两者不会互相矛盾，要学会取舍，游戏是大家聚在一起玩才有乐趣，当独自一人时，你大可选择做别的，不仅仅是打游戏。人人都有自己的梦想，我有我的目标，我每天都充满动力地朝着我的梦想和目标前进，让我自己每天都有意义。因为我足够向往我憧憬的一切，足够明确自己的目标，就不会被游戏羁绊。你的梦想呢？

明浩：我的梦想……

老师：只有有梦想的人才会有动力去奋斗，你应该找到自己的梦想，准确找到自己的定位，并坚定地朝它前进，才能摆脱游戏，才能向前走……

明浩：可是我的脑里总是有游戏的影子，挥之不去。

B：那你有什么爱好吗？你可以去培养自己的爱好，转移注意力，一般，人在做自己喜欢的事情时，注意力都会很集中的。

明浩：我的爱好……

C：还有，你落下那么多功课，现在学回来肯定是很吃力的，但是，你还有我们，我们可以帮你补功课，督促你学习。你想一下，以前你学习成绩好受表扬是不是很开心？你学到新知识是不是也很满足？你要找回学习的获得感和自豪感，这样你就有动力去学习了。以后我们也不会引诱你去打游戏了。我们大家可以一起退游。

老师：明浩，你应该抬头看看现实中的这个世界，这个世界有太多太多美好的东西了，你不应错过。放下游戏，坚定你的决心与梦想，你要相信你自己一定能回到从前的那个李明浩。

明浩：我会努力的，谢谢你们。

A：还有，手机、网络世界里不只是有游戏而已，你可以运用网络了解时事政治，运用它解决不懂的题，你也可以通过网络和志趣相投的人交流心得等。网络的世界很美好，我们要学会合理地运用网络，使其更好地给我们带来便利。

（老师听完后点点头）老师：知错能改，你们一定都能成功。（转头准备走，明浩和几个同学追上去）

同学们：老师，老师，请您等一下！”

（老师回过头，PS：如果此处距离舞台有点远，请演员自行挪回舞台中央）

明浩：老师，通过这次事情，我想我们都明白了游戏有时危害真的很大，所以，我们几个决定向校领导提议“禁止智能手机进校园”，以此来规范同学们的日常学习，提高同学们的学习专注力，老师，你觉得怎样？

老师：我觉得这提议很不错啊，你们准备准备吧。

场景八（明浩，同学 A，B，C）

旁白：一个星期后，校领导一致通过了“禁止智能手机进校园”这一提议并制订了详细的实施方案。从此，教室里再无同学们聚集玩游戏的场景。

旁白：在学校硬性规定下，李明浩的注意力渐渐从手机上挪开。

旁白：明浩和同学走在路上。

明浩：自从学校禁了手机后，我觉得时间好像多了好多。学习时也少了很多杂念，感觉学习好像轻松了好多。课本也不再那么让人感到心烦了。我感受到一股强大的动力，或许是我的灵魂在升级吧。

（大家都笑了起来）

C：走吧走吧！

B：没想到他变成了这样的李明浩！

A：我表示震惊！

明浩：（回神）哎！你们去哪啊？（拦住A，B，C）我们回教室再学习会儿吧！

（四人回到教室坐下学习）

旁白：摆脱游戏后，明浩发生了很大转变，学习重新变回了他生活的主旋律。

结尾：四人起立，走向观众。

B：同学们，智能手机，它并非完全一无是处。

明浩：我们应该正确地看待它，才不至于误入歧途。

齐：我们都别让网络“网”住了自己。

（完）

4.《我是个学生，我责任不太重》（高一（28）班　朱嘉琳）

旁白：朱嘉琳

人物：安安（戴林丽饰），从小优生惯养，以自己为中心，认为很多事情都是理所应当，不去承担自己该负的学习以外的责任。但学习成绩好，在班里一直名列前茅，性格直爽。

唐萱（吴佳颖饰），安安的同班好友，文静内敛，善于察言观色，敏感，心思细腻。

李晓希（黄施锦饰），班干，安安学习上的竞争对手，因成绩略逊于安安，而对安安心怀芥蒂。常当面说安安的坏话，敢说敢做，性格泼辣，在班里“横行霸道”。

肖笛，劳动委员，舍长（尤柯棉饰）

同学A（麦紫昕饰）

班主任（黄楚饰）。

安安妈妈（庞晚玲饰）

安安姐姐（吴萍欣饰）

故事梗概：以自我为中心，责任心不强的安安，以“学生的责任只有学习”

的观念，而心安理得地逃避了许多自己在班级、家庭里应该承担的事情和责任。后来，在同学的帮助和老师的引领下，安安逐渐改变了自己，成为了一个有担当的人。

第一幕：新学期伊始

（场景：教室里）

（人物：安安、唐萱、班主任、同学 A、同学 B）

（场景描述：又一个新的学期开始了，经过了上一个学期的相处，班里的同学都已经十分熟络。近月未见，大家都聚在一起谈论着假期的生活。）

（班主任进入教室，敲了敲讲台上的桌子，大家都回到了各自的位置）

班主任：新的学期又开始了，新学期新气象，希望你们收收心，把精力放在学习上，明白这意思没？

全体：知——道——了

班主任：好了好了，接下来请每组组长把你们各组假期社会实践的调查表收上来吧！

（安安此时在写着竞赛的试题）

安安：啧，坐在第一个就是麻烦，每次都要收作业，我写题的思路都被打断了！

（安安坐在位置上无动于衷）

班主任：组长动作利索一点，别磨磨蹭蹭的！

（安安不耐烦地起来收了调查表）

（班主任统计名单中……）

班主任：安安，你们这组的调查表怎么是空白的？安安，你是组长，起来解释一下吧。

安安：老师，这不怪我啊，本来这个实践调查就是组员的责任啊，和我有什么关系啊？

班主任：那你作为组长，有尽到组长的责任吗？有分配好组员的任务吗？你看看，人家晓希那组做得多认真！

（安安不屑地看了一眼晓希）

班主任：学习委员，这次社会实践的调查表，没有完成的同学扣 5 分，所在小组的其他组员每人扣 3 分。

同学 A：凭什么啊，我们那么辛辛苦苦地跑到街头调查，就因为她一个人没完成任务，就扣我们的分。

同学 B：就是啊，自己不写还拖累了别人，就不能为别人着想一下吗？

安安：无不无聊啊，天天搞这些和学习无关的东西，一点意义都没有，我假期的时间怎么可能浪费在这些事情上，我还要补课呢。

唐萱：安安，要是你辛辛苦苦写出来的数学题老师连看都不看就打你错，你会生气吗？

安安：肯定会啊！

唐萱：所以啊，她们辛辛苦苦跑到街头调查，就因为你没写，拖累了她们，你说，她们生不生气？有些事情你也要参与一下嘛，其实也挺有意思的呀。

安安：可是，我觉得真的觉得这些事儿很没意思……

（安安再次低头写起了题）

第二幕：风波早晨

（场景一：教室里）

（人物：安安，唐萱，肖笛）

肖笛：第一组，公区打扫的同学有：安安，李晓希，唐萱，凌浩……

（听到安安和晓希一组时，大家议论纷纷）

唐萱：（向旁边看了看安安）唉，怎么会安排你和晓希一组呢？

安安：没事儿啦！我不在意。如果她做出什么过分的事情的话，我也不会理会她的，哈哈。（说罢，安安和唐萱相视一笑，继而，安安继续埋头写着试卷）

（第二天，场景：教室）

（场景描述：晓希和扫公区的同学回到教室，看到了在座位上的安安，晓希径直快步向安安走去，抬起手用力拍了拍她的桌子）

（安安把笔甩在桌子上，抬起头瞪了晓希一眼）

劳委：好了好了，你俩别闹了。安安，你怎么又没下去扫地啊，昨天我不都提醒过你了吗？除了你，大家都早早地下去了。你怎么了，是不舒服吗？

安安：没有啊，我很好啊，不过是在写题，忘了时间而已。

晓希：安安，别再找借口了吧，你这样又不是一次两次了，我还不了解你吗？学霸！

安安：我这样又怎么了，关你什么事儿！

晓希：天天顾着学学学，你能不能有点责任心！大热天，整组人都在下面等你，你倒好，在教室里吹着空调写题。你有没有想过别人？

安安：整个组这么多人，缺我一个就扫不干净地了吗？再说了，你有什么资格说我，等你成绩超过我了，再来说我也不迟啊

晓希：你不扫地还有理啦？你除了学习还会什么！全班也就唐萱一个人纵着你，还真以为自己成绩好就了不起了？别自以为是了。

安安：你够了吧，说话放尊重点，你还是班长呢！

（眼看着要吵起来，唐萱上前劝阻）

唐萱：好了，晓希，别这么计较，安安只是今天忘了嘛。（转头看向安安）是吧？安安。

唐萱：安安下周会补回来的，我督促她。

劳委：是啊，晓希，唐萱说得也有道理。走吧走吧，大家都看着呢，散了吧，大家。

晓希：哼，我待会儿就叫学习委员扣你的分，你不是分多吗，不是一点都不在意吗？到时候，要找家长，看你怎么办！（小声说着）

同学A：你看她，社会实践不参加，现在连地都不扫。

同学B：就是啊，真不知道她除了学习还能干什么，在家肯定也是被惯坏了。

旁白：这个早晨，大家似乎都在议论着这件事儿，有些同学觉得晓希的话有些过分，但更多的同学都认为，这件事儿错在安安，不负劳动责任，不为班级尽一份力，仅仅是学习成绩好，意义又在何处？

第三幕：令人寒心的疏远

（场景：宿舍内）

（人物：安安，唐萱，同宿舍的其他同学）

（场景描述：大家都在聊着天，安安一人坐在床上写着试卷）

（这时，一阵敲门声响起——）

宿管阿姨：214，今天轮到你们宿舍擦楼层的窗台，赶紧的，分配好任务，尽早完成啊。

舍长：行啦，大家别聊天了。小晨，你从左边擦起，小丽，你在右边。唐

萱，我们俩最后再负责仔细检查一遍。

唐萱：那……安安呢？

（这时，在写题的安安抬头看向了唐萱和舍长）

旁白：安安心想着自己早上没有扫地，最后惹出了那么多的麻烦。迫于无奈，只好应付着说了几句。

安安：我，我要干点什么吗？免得到时候你们又对我有意见。哦，对了，最好是那种不费时间的活儿，我还要写完我的竞赛题呢。

舍长：额……那你，就擦擦门口那里的窗台吧。

（安安皱着眉点了点头）

旁白：安安本想着，反正她的活儿少，晚点去也不迟。结果，想着想着题，半个小时就过去了。

（这时，大家都汗流浃背地回到了宿舍，用异样的眼光看着安安）

（安安赶紧捎上抹布，跑出宿舍）

旁白：安安跑到门口窗台一看，那儿的灰尘已经被打扫得干干净净的了。正当她想回到宿舍继续写题的时候，却在门口听到了同宿舍同学的对话。

同学 A：唐萱，你怎么又帮着安安干活，你这样不是让自己多受一份累嘛。

同学 B：是啊，唐萱，以后让她自己干吧。安安她太过分了，每次都不干活，她以为她成绩好就能上天了吗？

舍长：安安的确是过分了，大家以后尽量少和她打交道了，她这种学霸，可不是我们随随便便就惹得起的。

唐萱：哎，你们别这样，安安以后会改的……

（安安推开了宿舍的门）

旁白：此时，内心复杂的她只能当做没听到的样子，回到了她的床位。

（舍长从抽屉里拿出了一袋饼干）

舍长：来来来，大家今天都辛苦了，吃点吧，很好吃的哟！唐萱，特别是你，要多吃一点，今天多亏了你呢。

同学 A：是呀，萱萱，快吃吧，要不是你，我们宿舍今天又要因为某人被扣分了。

（舍长将饼干依次分给了大家，唯独没有给安安）

旁白：这个中午宿舍里洋溢着饼干的香味，大家感受着劳动后的快乐，畅谈着……安安虽然想加入她们，却发现自己和她们格格不入。

第四幕：狂风暴雨的席卷

(场景：办公室)

(人物：安安妈妈，班主任)

旁白：由于安安在学校的表现不佳，再加上同学们和班干向班主任反映安安的所作所为，班主任请来了安安的妈妈)

班主任：安安妈妈，我想问一下，安安平时在家表现怎么样啊？

安安妈妈：虽然呢，这孩子，学习成绩好，这是我们作为家长所期望的。但是，安安一直以来都有一个很大的毛病。我想，您……今天找我来，就是因为这事儿吧？

班主任：安安妈妈，我也不跟您绕弯子了。最近啊，有很多同学反映安安在班里不干活。其实，我也觉得这孩子，似乎是有点太过于重视学习了。

安安妈妈：唉，我不知道在家里说过她多少次了，可是，事到如今，她还是一点改正的态度都没有啊。

班主任：这样吧，您今天晚上回去再和她好好谈一谈吧！

(场景二：家里)

(人物：安安，安安妈妈)

安安妈妈：最近，在学校还好吗？

安安：还可以啊。不过，就是有些人比较烦而已。

安安妈妈：可是，最近老师跟我反映你在学校的表现不太好啊。

安安：我怎么了吗？肯定又是那个晓希跟老师告状了。

安安妈妈：安安，你啊，还是老毛病没有改啊。在家不肯干家务活也就算了，怎么在学校也不负起作为班级一份子的责任呢？你啊，你啊，让我说什么好！

安安：可是我的学习成绩好不就是你们最希望的吗？我不去干那些无聊的活儿不就是为了省一点时间来学习吗？您倒好，还反过来说我的不是了？

安安妈妈：安安，这点，我承认你比那些贪玩儿、不务正业的孩子好多了。但是，你在心里到底有没有明白责任是怎么一回事呢？

安安：学生，学生哪有那么多的责任啊！不就是学习吗！

安安妈妈：安安，你这么大人了，这么还跟个小孩子一样，把所有的事情都想得那么简单。

（安安从椅子上站起来）

安安：妈！我这么辛辛苦苦地学习，您怎么一点都不理解我！

（安安摔门而出）

第五幕：平心静气的交谈

（场景：门外）

（人物：安安，安安姐姐）

（这时，安安在门口遇到了刚回来的姐姐）

安安：姐，你怎么这么晚才回来？

姐姐：我最近要负责设计学校采风报的出版，很多事儿要干呢。

（安安低下了头）

安安：哦。

姐姐：你怎么了？刚刚我在门外就听到了好大的动静。怎么，又和妈妈闹僵了？

安安：嗯，可是我没觉得我有错啊，妈她老是不理解我。

姐姐：唉，又是老问题？

安安：嗯。

姐姐：姐不是和你讲过了吗，你要尝试着去承担你该负的责任啊。你看看我，即使我每天有学校的各种事情要忙，我也没有耽误学习啊。现在的社会啊，选拔的是综合能力强的人才，只凭学习成绩好，将来能有大作为吗？

安安：姐！你怎么和妈一样，也来数落我。

姐姐：我这不是数落你。安安，我只是希望你能明白一点，学习，它并不是生活的全部，你知道吗？责任与担当，是一个学生必备的品德。

（安安低下了头）

安安：好了好了，姐，你让我想想吧。

（场景二：放学后，教室里）

（人物：安安，唐萱）

（场景描述：放学的铃声响起，安安独自一人坐在座位上，回想着这几天发生的所有的事情，心情低落，内心矛盾）

（唐萱拿着刚打好的一杯热水向安安走去）

唐萱：安安，你，还好吗？看起来不太对啊！

安安：萱萱，我，我真的是一个很不负责的人吗？

唐萱：安安，我们俩从小一起长大。你还记得小的时候，你热心地去扶过路的老奶奶吗？还有一次，甚至连搬家的蚂蚁，你都还傻傻地去给它们搭个小窝儿呢。

（安安朝唐萱笑了笑）

安安：这么久之前的事儿你都还记得啊，不过是一些不值得提的陈芝麻烂谷子的小事儿罢了。

唐萱：安安，这些事儿怎么不值得提了？想想你那个时候，多热心，多负责啊！

安安：那你是觉得我现在变得和以前不一样了？

唐萱：我发现，随着学业负担越来越重，你好像扎在里头就出不来了。就渐渐地，忽视了生活中的很多责任，脸上的笑容也越来越少了。

安安：虽然一直以来我的成绩很好，但是，我也发现，我没有以前那么开心了。

唐萱：是啊，安安。要不，我们周末去草地上跑一跑，找找以前的感觉？

（安安向唐萱摆了摆手，摇摇头）

安安：额，不用了萱萱，谢谢你。我好像知道自己最大的问题在哪儿了。

唐萱：所以，安安，我们一起努力吧，做一个负责任，有担当的人！拉钩？

（唐萱伸出了自己的手，安安点了点头，两人一起拉了钩）

第六幕：劳动最光荣

（场景：操场上）

（人物：安安，晓希，劳委，同组扫地的同学）

旁白：这一天，安安早早地拿好了所有组员的扫把。烈日炎炎下，在操场等着大家。

（晓希看到了安安，向她走去）

晓希：哟！难得呀，竟然看到安大学霸也下来扫地啦？不用写题啦？不用准备竞赛啦？

安安：那个，晓希，以……以前，是我有些地方做得不对，我，我以后会按时下来扫地的。

晓希：不会吧，安安，你什么时候变得这么有责任心了？

安安：喏，扫把给你，我帮你们拿下来了。

（说着，安安把扫把递给了晓希）

旁白：这天早晨，安安和大家一起完成了扫地的任务。这是开学以来，安安第一次真正感受到了劳动的快乐。虽然汗流浃背，但内心却充满了成就感。

安安：你们先上去吧，我把垃圾倒了再上去。噢，还有，把你们的扫把给我吧，我待会儿一起拿上去。

同组同学：谢谢安安！

晓希：等等，安安，我和你一起去！我帮你。

（安安与晓希相视一笑）

旁白：从那以后，安安终于明白了对该做的事情负责是一件多么快乐同时又是多么重要的事！我们是学生，我们身上背负着的不仅仅是学习的重担，还有在生活中一切需要我们承担起的责任！让我们都做一个负责任的人，不负青春，不负未来，成为最好的自己！